*APRENDER
ETNOPSIQUIATRIA*

LEITURAS AFINS

Antropologia do Brasil
Mito, história, etnicidade
Manuela Carneiro da Cunha

Aprender Antropologia
François Laplantine

Cultura Brasileira e Identidade Nacional
Renato Ortiz

Guiado pela Lua
Xamanismo e uso ritual da ayahuasca no culto do Santo Daime
Edward MacRae

Medicinas Paralelas
François Laplantine/
P.-L. Rabeyron

A Morte Branca do Feiticeiro Negro
Renato Ortiz

A Oleira Ciumenta
Claude Lévi-Strauss

Coleção Primeiros Passos

O que é Cultura
José Luiz dos Santos

O que é Mito
Everardo P. G. Rocha

O que é Religião
Rubem Alves

O que é Tabu
Monique Angras

FRANÇOIS LAPLANTINE

APRENDER ETNOPSIQUIATRIA

Tradução:
Ramon Américo Vasques

editora brasiliense

Copyright © by Presses Universitaires de France, 1988
Título original: L'Ethnopsychiatrie
Copyright da tradução brasileira:
Editora Brasiliense S.A.
Nenhuma parte desta publicação pode ser gravada, armazenada em sistemas eletrônicos, fotocopiada, reproduzida por meios mecânicos ou outros quaisquer sem autorização prévia da editora.

Primeira edição, 1994
1ª reimpressão, 1998

Preparação de originais: Touché! Editorial
Revisão: Regina de Lourdes dos Santos
e Carmem T. S. Costa
Capa e projeto gráfico: Maria Eliana Paiva

Dados Internacionais de Catalogação na Publicação (CIP)
(Câmara Brasileira do Livro, SP, Brasil)

Laplantine, François
   Aprender etnopsiquiatria / François Laplantine ; tradução Ramon Américo Vasques. -- São Paulo : Brasiliense, 1998.

1ª reimpresão da 1. ed. de 1994.
ISBN 85-11-07038-9

1. Psiquiatria social I. Título.

98-4479   CDD-616.89

Índices para catálogo sistemático:
1. Etnopsiquiatria : Medicina   616.89
2. Psiquiatria social : Medicina   616.89

editora brasiliense s.a.
Rua Airi, 22 – Tatuapé
Cep 03310-000 – São Paulo – SP
Fone / Fax: (11) 6198-1488
e-mail: brasilienseedit@uol.com.br

arion Aubrée

SUMÁRIO

PREFÁCIO 9

INTRODUÇÃO 13

PRIMEIRA PARTE

GÊNESE DA ETNOPSIQUIATRIA: ALGUMAS INDICAÇÕES HISTÓRICAS

1. A etnopsicologia 18
2. A antropologia cultural 21
3. Na base da antropologia psicanalítica: Freud 24
4. Início da etnopsicanálise: Geza Róheim 27

SEGUNDA PARTE

OS GRANDES EIXOS DA PESQUISA ETNOPSIQUIÁTRICA

1. *A etnopsiquiatria como eixo especializado da psiquiatria: a psiquiatria transcultural* 35

2. A etnopsiquiatria como eixo especializado da etnologia 39
3. A etnopsiquiatria como etnociência 41
4. A etnopsiquiatria como prática da complementaridade
disciplinar 56

TERCEIRA PARTE

INSTRUMENTOS OPERATÓRIOS DO PROCEDIMENTO ETNOPSIQUIÁTRICO

1. *Conceito de cultura. A dupla universalidade da cultura e do psiquismo. O movimento de vaivém entre o manifestado e o reprimido* 71
2. *Conceito de desculturação. Desculturação neurótica e desculturação psicótica* 78
3. *Conceito de transculturação* 82
4. *Psicoterapia intracultural, psicoterapia transcultural, psicoterapia metacultural* 85
5. *Critérios etnopsiquiátricos do normal e do patológico* 88
6. *Neurose cultural, psicose cultural, psicopatia cultural* 91
7. *Desordens culturais e conflitos intrapsíquicos. Desordens privadas e formações culturais* 95

CONCLUSÃO 99

BIBLIOGRAFIA 103

PREFÁCIO

A análise interdisciplinar dos fenômenos socioculturais realizados nos meios acadêmicos europeus e norte-americanos, notadamente aquela realizada no campo das teorias sociais e psicológicas, encontrou sempre a adesão entusiasta de nossos cientistas.

O emprego da etnopsicanálise, da psicologia transcultural e as pesquisas designadas pela expressão "Cultura e Personalidade", no campo da Antropologia e Sociologia, compôs de maneira significativa a nossa formação acadêmica. Durante os anos cinqüenta e sessenta estas teorias da escola norte-americana vão ser transmitidas nas universidades brasileiras, por meio dos trabalhos de ensino e pesquisa de Rene Ribeiro, Ruy Coelho e Gioconda Mussulini.

Nesse mesmo período, Roger Bastide, em sua estada prolongada na Universidade de São Paulo, amplia a formação de nossos professores ao introduzir na abordagem interdisciplinar dos fenômenos psíquicos e sociais as perspectivas do pensamento antropológico e sociológico francês. Os fenômenos estudados deveriam ser compreendidos e analisados como fenômenos sociais totais (segundo o conceito de Mauss) em suas múltiplas dimensões: históricas, psicológicas, sociológicas e antropológicas. Nesse sentido, o ecletismo de Bastide possuía uma lógica própria que não significava a simples adição de modelos teóricos do estruturalismo, da análise funcional e da fenomenologia, mas a preocupação em estudar os vários níveis de compreensão e explicação dos fenômenos.

Bastide estimulou entre os seus alunos — que se tornaram nossos mestres (Maria Isaura P. de Queiroz, Florestan Fernandes, Ruy Coelho e outros) — as pesquisas interdisciplinares voltadas à reflexão dos temas e problemas apresentados pela sociedade brasileira. A Etnopsicanálise, a Etno-história, a Antropologia Social ou a Sociologia Cultural melhor nos revelariam as ambigüidades, contradições e contrastes de uma sociedade policultural.

A importância que, agora, adquire para nós a obra *Aprender Etnopsiquiatria*, de François Laplantine, deve ser compreendida neste contexto: constitui uma contribuição para a renovação dos estudos interdisciplinares em nossa formação científica.

A tradução deste livro para a língua portuguesa permitirá a divulgação mais ampla da etnopsiquiatria contemporânea entre estudantes e autodidatas, e sua aplicação na análise das representações simbólicas existentes na sociedade brasileira.

François Laplantine, ao dirigir a metodologia etnopsiquiátrica na investigação das questões sociais, no estudo das mentalidades e universo do imaginário do homem brasileiro, procura apreender as formas comportamentais e sistemas de crenças em seus diferentes níveis de significados.

Este livro responde também às preocupações atuais dos psicólogos, psicanalistas e psiquiatras brasileiros em ampliar, por meio do conhecimento etnológico, os diagnósticos dos conflitos individuais e coletivos, assim como compreender as resoluções destes conflitos nos recursos fornecidos pela própria cultura.

Laplantine aceita as propostas e desafios da sociedade policultural brasileira e reconstrói os seus conhecimentos — reformula as hipóteses supostas iniciais — após um processo cognitivo e afetivo de relações sociais com indivíduos de diferentes camadas sociais e de participação nos diversos contextos culturais desta sociedade. O autor reconhece os efeitos da experiência transcultural, adquiridos no convívio social com diferentes expressões do *ethos* brasileiro, que o conduz à reflexão de sua cultura européia. O seu primeiro trabalho sobre etnopsiquiatria foi publicado em 1973; adquiriu novas direções enriquecedoras e foi repensado, após a interiorização desta experiência transcultural.

Em suas pesquisas realizadas no Nordeste do Brasil, Laplantine analisa a medicina tradicional desta região. Examina os significados conceituais de doença e cura: os recursos terapêuticos encontrados no contexto ritualizado da religiosidade popular católica do Nordeste.

Em São Paulo e Rio de Janeiro, Laplantine estuda a religião umbandista em sua dupla dimensão, como prática terapêutica e discurso religioso. A etnopsiquiatria de G. Devereux lhe fornece as premissas metodológicas de investigação dos fenômenos culturais. Estes fenômenos são conceitualizados e explicados, através de seus diferentes níveis de complementaridade, como fenômenos sociais totais, contendo, em si mesmo, a dimensão do discurso e da prática.

A pluridisciplinaridade da etnopsiquiatria compreende a complementaridade e não a adição de duas formas de conhecimento, estabelecida mediante a construção de novos epistemas, o que permite a compreensão totalizadora dos fenômenos, sem que haja a redução de um dos conhecimentos em relação ao outro. Nesta perspectiva, a etnopsiquiatria rejeita a exploração do patológico no estudo das expressões culturais e centraliza a sua análise no conceito psicanalítico de sublimação que permite a interpretação das estruturas do imaginário e a eficácia simbólica dessas estruturas.

Laplantine encontra na produção dos deuses umbandistas e dos espíritos no kardecismo, e na arte religiosa do espiritismo, os vôos do imaginário de uma sociedade em busca de sua identidade.

Em suas investigações sobre o imaginário da cultura brasileira, onde se configuram as aspirações, intenções e projetos de um povo, Laplantine encontra, neste objeto o "outro", a parte integrante de si mesmo, de suas reflexões e experiências sociais.

Liana Trindade

INTRODUÇÃO

Se a etnopsiquiatria é um empreendimento que consiste em compreender e tratar o psiquismo pela cultura, ela certamente pode ser considerada tão antiga quanto a humanidade. Enquanto procedimento que se propõe estudar cientificamente a loucura dos outros, criando não apenas um instrumento metódico de tratamento de "alienígenas duplamente estranhos", como diz Tobie Nathan (1986), e também um instrumento de autoconhecimento, ela é recentíssima.

É no horizonte do campo aberto pela antropologia no final do século XIX e no início do século XX — o choque do "pensamento racional" e do "pensamento primitivo", julgado confuso e mesmo delirante pelo primeiro (H. Aubin, 1952) — que a etnopsiquiatria em gênese encontra incontestavelmente uma de suas primeiras formulações (e um de seus primeiríssimos afastamentos). Depois, a necessidade de uma abordagem que articule o psiquismo e a cultura desponta no quadro clínico todas as vezes que o terapeuta se encontra desamparado diante dos sintomas que julga estranhos e heterogêneos em relação à sua própria sociedade (a patologia de "alienígenas" ou de indivíduos de origem européia, mas que recorrem a processos considerados intempestivos ou residuais, como bruxaria, feitiço etc.). Enfim, como não lembrar, no início de uma obra como esta, que todas as sociedades, sem exceção, acham-se hoje frente a mutações extremamente rápidas, sem nenhum precedente na história da humanidade (desenvolvimento tecnológico, evolução das relações sociais, movimentos de migração internos e externos, processos acelerados de urbanização), conduzindo a reacomodações, às vezes extremamente brutais, da organização da personalidade.

Para responder a essas diferentes situações, nas quais os campos psicológico e psicopatológico encontram o da cultura, é que a etnopsiquiatria se constitui menos, como veremos, por acumulação de conhecimentos do que por ruptura epistemológica com o espírito de ortodoxia da psiquiatria e da sociologia clássicas. Dessa prática dos confins, originada de um incessante vaivém entre a cultura dos outros e a cultura à qual pertencemos, entre o psiquismo doente e o psiquismo que encontrou equilíbrio por meio de múltiplas sublimações culturais possíveis, podemos, provisoriamente, propor a seguinte definição: a etnopsiquiatria é o estudo das relações entre as condutas psicopatológicas e as culturas nas quais se inscrevem. Mais exatamente, é uma pesquisa pluridisciplinar e uma prática terapêutica nela fundamentada, que se esforça para compreender a dimensão cultural das perturbações mentais e a dimensão psiquiátrica das culturas, evitando o duplo obstáculo que consistiria em relativizar toda a psiquiatria e em psiquiatrizar toda a cultura.

Antes de estudar algumas das principais correntes históricas a partir das quais se formou o procedimento que apresentamos (primeira parte), depois os grandes eixos da pesquisa etnopsiquiátrica contemporânea (segunda parte) e finalmente os instrumentos operatórios forjados e utilizados pelos etnopsiquiatras (terceira parte), gostaríamos de dizer que este livro não foi escrito por um clínico, mas por um etnólogo que trabalha há quase vinte anos em contato com sociedades africanas, magrebinas, européias e, mais recentemente, sul-americanas. Em 1973, publicamos uma obra que se chamava *A etnopsiquiatria*. Desde então, graças a uma prática de campo de que não dispúnhamos suficientemente na época, graças principalmente ao encontro da sociedade eminentemente policultural que é a sociedade brasileira e graças à experiência transcultural que adquirimos com esse contato, pensamos que nossa reflexão se afinou e se tornou mais precisa e que esta etnopsiquiatria é sensivelmente diferente daquela que propúnhamos há quinze anos.

Enfim, esforçando-nos para apresentar com a maior objetividade possível tendências da etnopsiquiatria, é importante lembrar que, para nós, é Georges Devereux (cf. em particular 1970, 1972, 1980) quem deve ser considerado o verdadeiro fundador dessa disciplina. Se sua obra não pode ser apontada como responsável por tudo o que este livro contém, devemos, no entanto, destacar a dívida que temos em relação a ela, pela referência fundamental que representou e representa para nós.

GÊNESE DA ETNOPSIQUIATRIA ALGUMAS INDICAÇÕES HISTÓRICAS

A tríade formada pela *disciplina* que praticamos ou que nos influencia, pela *problemática* que apresentamos, isto é, as questões que elaboramos e tentamos resolver, e pela *ideologia* que compartilhamos, em função principalmente da época e da sociedade à qual pertencemos, é que é constitutiva de um dado objeto científico. E da interação eminentemente dinâmica entre esses três elementos a partir do estudo de um "meio", isto é, de um campo de observação, é que nasce a renovação do conhecimento científico, que jamais é definitivo, mas sempre provisório, jamais é esgotado, mas sempre "abordado", segundo o conceito de Gaston Bachelard.

Considerados esses pressupostos que, a nosso ver, são incontornáveis, a pesquisa etnopsiquiátrica (e a prática clínica fundamentada nessa pesquisa) se revela particularmente complexa porque parte sempre do confronto entre dois eixos disciplinares (as ciências psicológicas e as ciências antropológicas), tendo cada um seus próprios métodos, apresentando cada um suas próprias problemáticas, mas trabalhando necessariamente de uma perspectiva comparatista (dos procedimentos, dos campos de investigação e mesmo das épocas históricas) em domínios particularmente carregados ideologicamente: o do louco e o do não-louco.

Esta primeira parte não visará, de forma nenhuma, reconstituir uma história (mesmo parcial) de nossa disciplina, porém, mais modestamente, depreender algumas premissas a partir das quais a etnopsiquiatria se constituiu. Estudaremos, sucessivamente, a etnopsicologia (também denominada "psicologia dos povos") que foi, no início do século, uma primeira tentativa de articulação do psicológico, do cultural e do histórico; depois, a antropologia cultural, que teve grande sucesso nos anos cinqüenta, principalmente nos Estados Unidos; a antropologia psicanalítica, de quem Freud foi o incontestável fundador; enfim, a etnopsicanálise, iniciada com os trabalhos de Geza Róheim.

1. A ETNOPSICOLOGIA

É uma disciplina, ou, antes, um campo de pesquisa e de indagação que surgiu no início do século XX para tentar compreender identidades diferentes de culturas em presença e, mais precisamente, de nações dentre as quais algumas ainda estão em vias de constituição.

Tomaremos o exemplo do Brasil, onde esse campo de investigação se desenvolveu muito cedo. É a partir da Independência deste país (1822), no final do Império, e principalmente com o advento da República (1889) que problemas até então inusitados começam a se apresentar. O Brasil conhece, nessa época, uma mutação histórica sem precedentes — a passagem da sociedade rural e escravagista dominada pelos colonos portugueses para uma sociedade urbano-industrial — e, progressivamente, adquire consciência da especificidade de sua identidade: a passagem de uma cultura luso-brasileira que era apenas o reflexo da Europa para uma cultura propriamente brasileira, isto é, concomitantemente emancipada da Europa e irredutível à soma de seus três principais componentes históricos (portugueses, índios e africanos).

Desde o final do século XIX, desponta o problema da integração de novos imigrantes europeus e, principalmente, dos descendentes dos africanos escravizados, que, a partir da abolição da escravidão (1888), constituem uma massa proletária assalariada. É em resposta à pergunta "Pode-se vislumbrar a integração destes na sociedade?" que Raymundo Nina Rodrigues, um médico legista de Salvador, escreve em 1900 *L'animisme fétichiste des nègres de Bahia**, seguido de outra obra, publicada postumamente, *Les collectivités anormales***.

Encontramo-nos diante de um dos primeiríssimos confrontos entre a etnologia (ou, antes, etnografia) e a psicologia. Materiais etnográficos recolhidos a partir de observações muito precisas são interpretados no âmbito da psicologia clínica da época. A hipótese de Nina Rodrigues é que o transe, base dos cultos estudados, é um fenômeno patológico ligado a desarranjos do sistema nervoso. A partir de pressupostos teóricos, influenciados tanto pelo positivismo francês quanto pelo evolucionismo antropológico e, principalmente, biológico, o que é evidenciado é a heterogeneidade da cultura afro-brasileira e da cultura euro-brasileira. Nina Rodrigues considera, portanto, problemática a integração harmoniosa de grupos sociais tão diferentes quanto a população de origem européia e a população originada da diáspora africana, que, segundo ele, constitui o principal obstáculo para o progresso da sociedade global.

A etnopsicologia brasileira (que acompanha — e favorece — o movimento de tomada de consciência da identidade da própria cultura brasileira) se coloca, concomitantemente, questões relativas a) aos diferentes componentes étnicos da sociedade; b) ao conjunto desta:

(*) O animismo fetichista dos negros da Bahia. (N. T.)
(**) As coletividades anormais. (N. T.)

1) Muitos pesquisadores, muito cedo, se interessaram pela personalidade do mestiço. As explicações oscilavam entre um pressuposto biológico (degenerescência ligada à mistura de raças), uma interpretação psicológica (instabilidade psicológica do caráter como fruto do choque entre duas culturas distintas) e uma leitura sociológica (condições sociais de existência) que só se imporá em 1923 com Gilberto Freyre (tradução francesa, 1974).

2) As pesquisas sobre a identidade verdadeiramente nacional podem ser esclarecidas pelos trabalhos de Oliveira Viana (1932) (o Brasil, segundo ele, é "uma mistura particularmente incoerente e heterogênea de três mentalidades: a de um selvagem, a de um bárbaro e a de um civilizado"), ou ainda pela obra de Fernando de Azevedo, que, em *Cultura brasileira* (1943), define a psicologia do povo brasileiro pelas seguintes características: afetividade, inteligência superficial, instabilidade.

O objetivo dessa etnopsicologia, estreitamente ligada a crises de identidade cultural e à formação da consciência das nações, é justamente construir uma ciência dos caracteres nacionais. Além disso, acentua a noção de "povos doentes", cuja natureza das perturbações é conveniente compreender a fim de curá-los[1].

Convém, enfim, citar, em uma perspectiva que em resumo é muito próxima da que acabamos de expor, as pesquisas sobre a *negritude* (Baldwin, 1972; Adotevi, 1972) e sobre a *latinidade*. Esta última noção, reatualizada por ocasião de um colóquio acontecido em Roma em 1986 e de uma obra coletiva (G. Duby, 1986), é apreendida a partir de uma constelação de características: gosto pelas idéias gerais da retórica e da literatura; paixão pelo

---

(1) A revista *Psychologie des Peuples* é representativa dessa corrente de uma etnopsiquiatria ainda muito balbuciante. Acrescentemos a importantíssima contribuição da escola francesa de história econômica e social dada a essa busca de definição da especificidade das culturas. Assim, Lucien Febvre, em um número da revista *Les Annales* (*Cahiers des Annales*, 4, "A travers les Amériques Latines", A. Colin, 1949), evidencia a noção de pluralidade da América Latina. O estudo do passado latino-africano, ou melhor, luso-africano, dessa América ligada tanto ao Mediterrâneo quanto à África e às suas raízes autóctones pré-colombianas permite-lhe apresentar a seguinte questão: por que a sociedade brasileira não se desenvolveu como as sociedades européias, norte-americanas e hispano-americanas?

jogo; horror à solidão e amor à promiscuidade; desigualdade dos sexos organizada a partir da dicotomia entre o espaço público (a rua, a praça, o café, domínio dos homens) e o espaço privado (a casa, onde a mulher reina soberana e mantém laços afetivos extremamente fortes com os filhos homens); busca da felicidade no presente; intensa expressão das emoções; sentido do espetáculo (a ópera na Itália, a tourada na Espanha, o Carnaval no Brasil); exaltação da paixão amorosa; e dramatização da morte[2].

2. A ANTROPOLOGIA CULTURAL

A antropologia cultural, cujas preocupações são bem próximas da etnopsicologia, estuda os caracteres distintivos dos seres humanos pertencentes a uma mesma cultura, considerada como uma totalidade irredutível a uma outra. Procurando compreender a natureza dos processos de transmissão e aquisição dessa cultura pelos indivíduos — como aquela informa e modela os comportamentos destes —, ela encontra certos centros de interesses comuns aos psicólogos, aos psicanalistas e aos psiquiatras. Recorre, então, naturalmente, às técnicas de investigação desses profissionais (como, por exemplo, os testes projetivos utilizados pela primeira vez em etnologia por Cora du Bois). Esse campo de pesquisa, designado pela expressão "Cultura e Personalidade" e que, essencialmente, se desenvolveu

---

(2) Dominique Fernandez (in Duby, 1986, p. 102) escreve: "Exprimir intensa e rapidamente o que se está sentindo, manifestar sua emoção através de espetacularíssimos meios é uma obrigação para o latino, para quem toda mediação refletida desponta como sinal de insensibilidade, de frieza psíquica. Gesticular, gritar, chorar, desmaiar com a notícia de qualquer acontecimento um pouco mais extraordinário, que se tenha motivos para afligir-se ou rejubilar-se com ele, eis o que designa para seus parentes o homem ou a mulher providos de temperamento franco. É preciso viver como se se estivesse num palco de teatro: entrega-se sempre a uma ênfase de voz e de gesto que faz da rua e da praça pública o melhor local de pesquisa para a observação dos costumes italianos. É inútil retirar, como Asmodeu, o teto das casas para olhar o que se passa em seu interior: assim como vive fora e só volta para casa para dormir, o latino não possui espaço interior protegido, nenhuma zona reservada, nenhum lugar de retiro onde goste de ficar sozinho. Tudo o que experimenta pode e deve ser visto e ouvido por todos, e quem não mostra nada não sente nada".

nos Estados Unidos a partir dos anos trinta, ainda se impõe como um dos domínios da antropologia no qual a colaboração pluridisciplinar se torna sistemática.

O que os mais representativos autores do movimento "culturalista"[3] visam demonstrar é que convém não atribuir à natureza o que diz respeito à cultura, ou seja, não considerar como universal o que é relativo. Margaret Mead (1963), procedendo ao confronto de duas populações vizinhas da Nova Guiné, considera que uma delas, a dos meigos e ternos Arapesh, só aspira à paz e à serenidade, enquanto a outra, a dos violentos Mundugumor, é movida por uma agressividade realmente canibal. O que, então, é considerado como personalidade desviante entre os primeiros (o indivíduo violento) despontará entre os segundos como perfeitamente normal, isto é, em conformidade com o ideal do grupo, e vice-versa. Nessa mesma ótica, Ruth Benedict (1950) opõe sociedade "apoliniana" dos índios Pueblo do Novo México à exaltação e à rivalidade "dionisíaca" permanentes que os habitantes da ilha de Dobu mantêm entre si. Se existirem, entre esses últimos, indivíduos que não experimentam nenhum sentimento de desconfiança, que não têm nenhuma queda para o roubo e que detestam brigar, tais indivíduos não deixarão de ser apontados como marginais, ao passo que estariam perfeitamente à vontade (e estariam em conformidade) na sociedade Pueblo.

A antropologia cultural também tentou evidenciar a preocupação que os japoneses têm de jamais se deixarem desmoralizar em público sob pena de um desabamento da personalidade, que se traduz por um intenso sentimento de vergonha e de culpa, ou ainda, a desconfiança dos franceses em relação à natureza, que tem de ser domesticada pela razão, e que se exprime tão bem na sabedoria dos contos populares franceses (sempre menos extravagantes que os contos escandinavos, russos ou alemães) quanto nos "jardins à francesa". Em resumo, sendo profundamente heterogêneas as culturas em

---

(3) R. Benedict (1950); Mead (1963); E. H. Erikson (1966); M. J. Herskovits (1967); R. Linton (1968); A. Kardiner (1970).

que os indivíduos nascem e evoluem, o aparelho psíquico, no contato com elas, se constrói de maneira eminentemente distinta. Somos, então, levados a fazer afirmações como: não existe complexo de castração nas ilhas Marquesas (Kardiner), agressividade entre os Arapesh (Mead), complexo de inferioridade entre os japoneses (Benedict) e, principalmente — hipótese sobre a qual mais se escreveu —, não existe complexo de Édipo entre os trobriandeses (Malinowski)[4].

É a partir de exemplos desse tipo que Ruth Benedict elabora sua teoria do "arco cultural": toda cultura procede de uma escolha. Valoriza um determinado segmento do grande arco das possibilidades da humanidade. Ela encoraja certo número de comportamentos em detrimento de outros que se vêem penalizados ou pura e simplesmente eliminados. Por um processo de seleção (não biológico, mas cultural), todos os membros de uma mesma sociedade partilham certo número de preocupações, experimentam as mesmas inclinações e as mesmas aversões. O que caracteriza uma sociedade é uma "configuração cultural", uma lógica que é encontrada tanto na especificidade das instituições quanto nos comportamentos. Toda cultura busca realizar um objetivo, ignorando os indivíduos. Cada um de nós possui em si todas as tendências, mas a cultura à qual pertencemos procede de uma seleção. As instituições (e em particular as instituições educativas — família, escola, ritos de iniciação) visam, inconscientemente, a que os indivíduos fiquem em conformidade com os valores de cada cultura.

(4) As conclusões a que Malinowski chega são as seguintes: 1º) como as crianças trobriandesas não são submetidas a uma rigorosa disciplina esfincterial, como entre nós, por parte de suas mães, elas desconhecem tudo do estágio anal; 2º) não experimentam para com seus pais essa mistura de afeição e aversão que caracteriza os indivíduos das sociedades patriarcais (= ausência de conflito edipiano na vertente paterna); 3º) como os meninos melanesianos têm menos contato com suas mães do que as crianças ocidentais, eles não experimentam um desejo tão forte de incesto, desejo que, segundo Malinowski, se transfere para a irmã; 4º) de onde a célebre conclusão de Malinowski: a constituição do complexo de Édipo evidenciado por Freud corresponde exclusivamente a um processo cultural de organização dos conflitos e de identificação ligado à própria estrutura da família patrilinear e da sociedade patriarcal.

Críticas, freqüentemente severas, foram endereçadas ao culturalismo americano[5]. Proveniente de um procedimento empírico, tende a efetuar uma redução dos comportamentos humanos a *tipos* e a esboçar tipologias que devem muito mais à intuição e à própria personalidade do pesquisador do que a uma rigorosa construção de um objeto científico. E ainda, por causa de seus pressupostos (observação do que, numa sociedade, é manifestado, em detrimento do que é reprimido e inconsciente), desenvolve uma concepção do *relativismo cultural* (expressão forjada por Herskovitz) que lhe proíbe ultrapassar o limite que separa a indicação etnográfica das variações culturais observadas da análise antropológica dos processos de variabilidade da cultura.

3. NA BASE DA ANTROPOLOGIA PSICANALÍTICA: FREUD

Há duas maneiras de considerar Freud como o fundador da etnopsiquiatria. Seja utilizar os instrumentos propriamente clínicos que ele forjou, enquanto conceitos operatórios no campo etnológico; seja estar atento ao *procedimento antropológico* de Freud que está esboçado desde as primeiras cartas a Fliess (1887-1902) e que culmina em *Totem e tabu* (1913), *O futuro de uma ilusão* (1927), *Mal-estar na civilização* (1929), *Moisés e o monoteísmo* (1938). É essa segunda abordagem que seguimos, indo direto ao cerne do que constitui a intuição central de Freud quando tenta situar as relações que unem a psicanálise e a etnologia: *Totem e tabu*[6].

O ponto de partida da relação entre o que o fundador da psicanálise sabe dos neuróticos e o que aprende dos primitivos é

---

(5) Cf. J. P. Valabrega (1957); G. Devereux (1970); F. Laplantine (1973, 1974); T. Nathan (1986).
(6) Ainda que seja um dos mais controvertidos textos de Freud, mesmo dentro do movimento psicanalítico, convém, a nosso ver (cf. Laplantine, 1973), considerá-lo como a obra fundadora do procedimento etnopsicanalítico. Afastamo-nos, a esse respeito, da severa apreciação de Georges Devereux, que considera *Totem e tabu*, e mais particularmente o relato final da "horda originária", como "um dos raros enganos de Freud".

o que segue. Se é verdade que a vida social de nossos "antepassados" é dominada pelo respeito ao totem, e a vida psíquica das crianças e dos neuróticos, pelo temor de transgredir o tabu, então existe uma estreita relação entre os "primitivos", os neuróticos e as crianças e, por refração, entre o campo antropológico e o campo psicanalítico. Matar o totem (= o pai) e desposar as mulheres pertencentes ao totem concentra toda a ambivalência afetiva das sociedades arcaicas e dos processos psíquicos infantis. E, principalmente, esses são os dois crimes de Édipo! Então, a relação neuróticos-primitivos-crianças pode funcionar. Não para mandar os neuróticos para as margens da teratologia, o "selvagem" para a sua floresta ("selvagem" = homem das selvas), a criança para seus gritos ("criança"* = aquele que não fala), dentro desse espaço do adulto normal e "civilizado". Mas, ao contrário, para integrá-los como três perfis possíveis de nós mesmos. A problemática conflitual, e jamais acabada, da razão e da loucura, do adulto e da criança, da "civilização" e do "arcaísmo" atravessa toda a obra de Freud e cada um de seus livros. Mas eis que foi dado um nome ao ponto de concentração dessa dialética: o pai. E eis também que o principal acontecimento, marcando a entrada da humanidade na história, é posto em cena: o "assassino original". *Totem e tabu* constitui um livro único em seu gênero pelas seguintes razões:

1) A implicação do pesquisador em sua pesquisa é total, consciente, detectada e analisada. Não há nenhuma dúvida de que o próprio Freud participa intensamente do "assassinato original", para o qual toda a sua investigação o conduz e com o qual até parece um tanto assustado[7]. Essa

---

* Criança em francês é *enfant*, de mesma raiz etmológica que o termo português "infante" (de onde infantil etc.). Portanto, melhor seria considerar aqui a palavra "infante" para compreender o jogo estabelecido. (N. T.)

(7) Lembremos o clima emocional no qual Freud trabalha na composição de *Totem e tabu*. Escreve a Ferenczi: "Desde *Ciência dos sonhos*, nunca trabalhei com tanta convicção e felicidade"; e a Jones: "Estou, neste momento, escrevendo *Totem* com a impressão de que será meu mais importante, meu melhor e talvez meu último bom trabalho". Enfim, a propósito da última parte de seu livro, Freud confia, em uma carta a Jones: "É o mais ousado dos empreendimentos no qual já me lancei. Que Deus me ajude!".

espécie de batalha com o pai de sua infância, considerado entre o respeito que inspira e o ódio que suscita, explode aqui e, pela primeira vez, encontra sua formulação dramática. Freud designa explicitamente a necessidade de ir além do pai real, rumo ao nome do ancestral, local supremo que mais tarde deverá ser riscado (em *Moisés e o monoteísmo*), escrevendo em seu lugar o nome "Freud". Longe de constituir um obstáculo epistemológico para a compreensão dos fenômenos humanos, essa total implicação afetiva do pesquisador em sua pesquisa constitui a indispensável preliminar metodológica sem a qual a psicanálise jamais teria nascido e sem a qual não existe verdadeira prática etnopsiquiátrica. Voltaremos a isso mais adiante.

2) A extensão de uma disciplina para fora de seu campo inicial de investigação: neste caso, a etnologia. De maneira mais radical e mais sistemática do que, em 1907, havia tentado com a obra de arte em seu comentário sobre a *Gradiva* de Jensen e depois, em 1910, em seu *Leonardo da Vinci*, Freud agora explora o território do "primitivo", como para convencer-se de que a psicanálise não está limitada à restrita esfera das doenças mentais.

Para escrever *Totem e tabu*, Freud explora um considerável material emprestado da história das religiões, da magia, das cerimônias arcaicas, mas inicialmente, e sobretudo, daquilo que, na época, desponta como o mais fascinante domínio da antropologia: o totemismo. Mas Freud não se limita a acumular e reagrupar documentos. Sua exigência é a de um fundamento, que permitiria unir a psicologia da criança, os processos psicopatológicos e a vida social dos "primitivos". Com 57 anos de idade, tornado célebre, não hesita em requestionar toda a sua obra, correndo o risco de decepcionar não apenas os etnólogos profissionais como também seus discípulos. Freud compreende que o objetivo da psicanálise é a universalidade da explicação proposta: será ela válida para todas as culturas ou encontra outra série de interpretações, como a da etnologia, que a "tornaria relativa" à cultura que a suscitou, a da sociedade húngaro-austríaca, e, mais genericamente, a da sociedade ocidental? Na relação estabelecida por Freud entre os processos neuróticos e os estágios do desenvolvimento da criança estava faltando uma base cultural. É exatamente essa base que lhe é dada pelos fatos etnológicos recolhidos por Frazer e Tylor e que assegura a posição central do complexo de Édipo:

"Encontramos no complexo de Édipo os primórdios tanto da religião quanto da moral, da sociedade e da arte, e isso em conformidade com os dados da psicanálise, que vê nesse complexo o núcleo de todas as neuroses"[8].

Daí em diante, o Édipo não se apóia mais apenas nas produções neuróticas da infância, enraiza-se na cultura.

3) Enfim, e sobretudo, a metodologia freudiana inclui *em seu próprio embasamento* a consideração da contribuição da antropologia. É uma metodologia que pode ser qualificada de *metodologia das correspondências* e que, no campo das ciências humanas, parece-nos verdadeiramente pioneira. A ligação depreendida em *Totem e tabu* entre o tabu e a neurose obsessiva servirá de detector e de modelo epistemológico ao estabelecimento de toda uma série de outras relações: a neurose e a magia, a histeria e a obra de arte, a paranóia e a filosofia... Ou seja — e com isso tocamos, na verdade, o próprio princípio da antropologia psicanalítica —, o que Freud compreende por meio dos sintomas e dos mais individuais e subjetivos discursos de seus clientes remete-o àquilo que descobre, por outros caminhos, na história, na mitologia, na literatura, na religião, nos ritos, nos costumes e nas crenças. Em resumo, existem correspondências entre os processos que estão operando no *psiquismo*, que podem ser apreendidos a partir do procedimento do clínico, e os *materiais culturais* recolhidos pelo etnólogo *in loco*.

4. INÍCIO DA ETNOPSICANÁLISE: GEZA RÓHEIM

Coube a Geza Róheim, psicanalista prático e etnólogo do continente australiano, o mérito de demonstrar a que ponto o

---

(8) Freud, *Totem e tabu*, 1979, p. 215.

núcleo antropológico do freudismo — a estrutura conflitual neurótica sadia do indivíduo em sua relação com a cultura, depreendida a partir da análise de pacientes da sociedade burguesa de Viena e apoiado nas pesquisas obtidas em *Totem e tabu* — estava etnologicamente fundamentado.

A leitura de Róheim (cf. em particular 1967, 1972) é de difícil acesso. Ele mistura um material de diversidade e riqueza espantosas, constituído por um conjunto de mitos, lendas, sonhos, jogos infantis, contos tomados dos mais diferentes folclores. Jamais se atém, contrariamente aos antropólogos culturalistas, a observações empíricas, a descrições exóticas em que apenas conteúdos manifestados e elaborações secundárias podem ser lidos. Róheim revira os materiais utilizados para daí fazer surgir a permanência da inteligibilidade simbólica. Depois ele os "desenrola", os "estende", como diz Roger Dadoun (1972), obtendo uma "superfície" percorrida por múltiplas redes de significantes atuais ou reprimidos, por constelações culturais que tecem entre si relações que jamais são unívocas, mas circulares. Róheim, então, está em condições de depreender as linhas de força do inconsciente, responsáveis tanto pelo dinamismo quanto pela universalidade da cultura, de mostrar que a uma investigação psicológica das profundezas corresponde termo a termo uma investigação etnológica dos abismos.

Tal como o psicanalista, mas sem dúvida muito mais, o etnopsicanalista confronta com um campo de investigação particularmente completo. A antropologia cultural, incapaz de localizar o que, em cada cultura, apesar de reprimido, não deixa de estar presente, conduzira a etnopsiquiatria nascente a um impasse. É principalmente a fim de pôr termo à problemática perfeitamente estéril da determinação do psiquismo pela cultura (culturalismo) ou da cultura pelo psiquismo (psicologismo) que Róheim decide partir para a Melanésia, para a ilha Normamby, cuja organização social é idêntica à da sociedade trobriandesa na qual Malinowski fez sua famosa "descoberta". Aí, emprega sistematicamente o método psicanalítico fundamentado na lei da livre associação, fazendo os indivíduos falarem a fim de conduzi-los a uma reação transferencial, e analisa os jogos das crianças e os contos que a elas são narrados. Chega a conclusões que, ponto por ponto, são opostas às de Malinowski.

1) A estrutura anal, longe de estar ausente, transparece assim que se analisa uma série de sonhos de caráter obsceno e assim que se estuda a tendência muito marcada dos melanesianos para a retenção e a avareza.

2) A mãe melanesiana, longe de ser aquela generosa desconhecida descrita por Malinowski, é, ao contrário, vivenciada pela criança como uma mãe "má". Isso quase não nos surpreende se sabemos que ela amamenta mal seus filhos e desmama-os brutalmente no final do primeiro ano.

3) O pai não é vivenciado pelas crianças daquelas populações como aquele simpático personagem, um tanto insignificante e apagado, descrito por Malinowski. Estudando alguns de seus comportamentos para com seus filhos — brincar de morder o pênis dos meninos, ameaçá-los de castração em caso de desobediência — e analisando, em seguida, os sonhos destes últimos e sua elaboração no nível dos mitos, Róheim percebe o quanto está presente entre os melanesianos a angústia da castração pelo pai e sua projeção fantasmática na figura do feiticeiro.

4) Enfim, quando se sabe que, durante os seis primeiros anos de sua vida, o menino é educado como aqui, entre seu pai e sua mãe, e que só passa verdadeiramente para a autoridade de seu tio na época em que os conflitos edipianos devem normalmente estar resolvidos, como endossar a afirmação de Malinowski de que a criança reage à sua situação familiar elaborando um complexo avuncular em lugar de um complexo de Édipo?

Tendo exposto essas diferentes etapas que sinalizam a gênese de nossa disciplina, examinemos agora tudo o que ainda constitui obstáculo para o estabelecimento de um instrumento etnopsiquiátrico, no sentido contemporâneo no qual o entendemos.

• São os pressupostos não explicitados, tanto sócio-históricos quanto psicoafetivos, dos diferentes pesquisadores[9].

• Freqüentemente, é uma insuficiência de implicação pessoal nos comportamentos que, em aparência, nos são os mais alheios e os mais estranhos ou, inversamente, uma falta de distanciamento crítico para apreender os comportamentos que nos são familiaríssimos[10].

• É o fato de que os materiais etnográficos freqüentemente são recolhidos e analisados por psicólogos, psiquiatras ou psicanalistas que são apenas etnólogos ocasionais e que não têm nenhuma idéia do que seja a realização de uma pesquisa *in loco* ou, inversamente, etnólogos que têm profundo desconhecimento dos métodos psicológicos com os quais confrontam.

• Enfim — e é sobre este último ponto que agora vamos insistir —, a insuficiência de um verdadeiro quadro *teórico*, insuficiência ligada, a nosso ver, a uma incompreensão do psiquismo e do social, considerados como duas entidades separadas[11].

O antropólogo (seja ele sociólogo ou etnólogo) que, à semelhança da antropologia social, considera a cultura um conjunto de sistemas simbólicos totalmente independente do psiquismo, assim como o psiquiatra que utiliza uma forma de investigação exclusivamente médica (neurológica), ou a psicóloga presa a uma concepção estritamente monádica do indivíduo, reúnem-se num mesmo dogmatismo epistemológico: o de um discurso absoluto ao qual corresponde uma leitura absoluta do normal e do patológico.

(9) Pressupostos psicoafetivos no caso da antropologia cultural que encerra o observador e o observado no sistema posicional do "nós" e do "eles", como se o psiquismo de um e de outro fosse integralmente secretado pela especificidade das culturas de origem. Pressuposto histórico e, mais precisamente, evolucionista no caso do fundador da psicanálise.
(10) Freqüentemente, mesmo nos dados culturais sobre os quais o clínico ou o pesquisador trabalham, são de segunda ou de terceira mão, como foi o caso de Freud, que confiava em Frazer que, da metrópole britânica, recebia materiais que lhe eram enviados por administradores ou missionários, que por sua vez confiavam em "informantes".
(11) Essa crítica não se dirige, evidentemente, a Freud, e menos ainda a Róheim. E é bem verdade que estes últimos não dispõem de uma epistemologia da pluridisciplinaridade suficientemente flexível e elaborada, o que vai constituir uma das contribuições absolutamente decisivas, como veremos, da obra de Georges Devereux.

As ciências psicológicas, assim como as ciências sociais, na verdade, confrontam, ambas, com o problema das relações (conflituais ou harmoniosas, igualitárias ou hierárquicas) entre o indivíduo e o grupo. Um verdadeiro procedimento sociológico não tem muito a ver com uma atitude embasada na eliminação do sujeito e que procede a uma reificação do social, atitude que atribui a mecanismos abstratos — leis do mercado, instituições políticas, Estado, nação — um condicionamento absoluto sobre a vida dos indivíduos.

Acentuando, nas páginas que se seguem, a singularidade dos casos individuais, consideramos que nosso propósito permanecerá plenamente etnológico, e mesmo sociológico. Porém, ele se situará, evidentemente, no oposto de uma epistemologia formal de natureza aristotélica que apenas confere estatuto de cientificidade ao geral e remete o caso particular para as masmorras do irracional ou, no melhor dos casos, para a psicologia individual. Temos o direito de nos interrogar, no início de uma obra como esta, sobre a legitimidade de práticas que baseiam sua "objetividade" numa verdadeira estratégia de exorcismo de caráter *único* tanto dos agentes sociais quanto dos pesquisadores e que, mais freqüentemente, é acompanhado de uma concepção de um determinismo claramente mecanicista tanto do indivíduo quanto do social. Para a etnopsiquiatria, ao contrário, os comportamentos, tanto normais quanto patológicos, longe de serem a resultante de um condicionamento da "sociedade", são atos *individuais*, alimentados com o peso da cultura mas irredutíveis a esta. Dizendo de outra forma, os dados iniciais sobre os quais trabalham os antropólogos (etnólogos, sociólogos), sem os quais uma disciplina como a que estamos apresentando não se poderia ter constituído, são as formas diferenciais pelas quais o social apresenta e trata, numa determinada época e num dado contexto, a questão das relações entre o grupo e o indivíduo. Em resumo, a antropologia consiste em elaborar os *fundamentos sociais* do par formado pelo encontro do grupo e do indivíduo.

Reciprocamente, os dados iniciais sobre os quais trabalham os práticos e os pesquisadores das ciências psicológicas são os processos diferenciais pelos quais o indivíduo interioriza e interpreta as relações que mantém com o grupo no qual vive. Dessa perspectiva, não mais rival mas complementar em relação à precedente, o papel da psicologia na constituição de uma autêntica etnopsiquiatria consiste em elaborar os *fundamentos psicológicos* das relações possíveis entre o social e o individual.

SEGUNDA PARTE

OS GRANDES EIXOS DA PESQUISA ETNOPSIQUIÁTRICA

1. A ETNOPSIQUIATRIA COMO EIXO ESPECIALIZADO DA PSIQUIATRIA: A PSIQUIATRIA TRANSCULTURAL

Assim como existe uma antropologia cultural, existe uma psiquiatria cultural, ou seja, uma prática clínica que tenta levar em conta particularidades étnicas a partir das quais os diferentes processos psicopatológicos de um dado grupo social se elaboram. Quanto à psiquiatria transcultural, ela é uma extensão desse campo de investigação de uma cultura para outra. É, pois, uma psiquiatria essencialmente comparatista que estuda as diferenças na natureza e na freqüência das perturbações mentais quando se passa de um grupo para outro. Encontramos o ponto de partida desse procedimento na viagem que Kraeplin efetuou no final de sua vida, bem no começo do século, para verificar se os critérios nosológicos da Europa de sua época eram universais ou não.

A psiquiatria transcultural, que ordinariamente recorre ao método da análise fatorial (estudo das relações concomitantes entre certo número de variáveis independentes, tais como o meio ecológico, o modo de produção econômica, a classe social, a idade, o sexo, a religião...) e procede a um estudo quantitativo dos dados, obteve grande número de informações sobre as perturbações mentais em várias áreas geográficas. A exploração desses resultados é obra principalmente de Wittkower, de Freud e da equipe de etnólogos e psiquiatras da Universidade Mac Gill, no Canadá.

A primeira questão que essa tendência da etnopsiquiatria se coloca é a seguinte: existem perturbações mentais que seriam características de certas sociedades e que não seriam encontradas em outros lugares? Eis alguns exemplos:

A *histeria ártica* (Sibéria) é um estado de sugestão intensa do indivíduo, não apenas para com seu semelhante, mas também para com as incitações de seu meio (animais, objetos...). O indivíduo parece plenamente consciente do que lhe está acontecendo, sofre e fica irritado com isso, mas não consegue resistir às ordens que recebe.

O *windigo* (entre os Algonkins do Canadá) é uma possessão por um espírito que impele o indivíduo a comer carne humana.

O *amok* (localizado principalmente na sociedade malaia) é uma tendência homicida exclusivamente masculina, podendo ir até a consumação do ato, que é seguida da perda da consciência acerca do que acaba de se passar.

O *koro* (sudeste da Ásia) é a angústia de uma retração do pênis, de uma reabsorção dos órgãos sexuais para o interior do corpo e de que a morte venha a seguir.

O *susto* (América Latina) é um medo repentino, um estado de pasmo brutal devido, por exemplo, a um trovão, um grito, um ruído intempestivo, que pode conduzir a toda uma série de manifestações psicossomáticas, dentre as quais, principalmente no Brasil, o *vento caído*, ou seja, literalmente "ventre caído", expressão que marca uma descida do estômago ou do diafragma (cf. A. P. Barreto, 1985).

A *esquizofrenia* é uma questão extremamente controvertida. Alguns autores constatam, seguindo Devereux, a ausência desse quadro clínico nas sociedades mais tradicionais e menos ocidentalizadas; outros pretendem, ao contrário, tê-la encontrado. Essas divergências parecem, em parte, poder explicar-se pelo fato de que, de um país para outro, não existe um sistema nosológico perfeitamente unitário. A psiquiatria francesa, por exemplo, não reconhece a existência de um quadro clínico que seria o acesso esquizofrênico agudo. Em troca, designa, após Kraeplin, com o nome de "acesso delirante" uma psicose alucinatória brutal e freqüentemente espetacular que — na África, por exemplo — tem como característica reabsorver-se suficientemente rápido, enquanto tende a evoluir, na Europa, para o quadro clínico que os franceses denominam esquizofrenia.

A questão que a psiquiatria transcultural se coloca é, então, a seguinte: existem sociedades que *favorecem* certas formas de doenças mentais mais do que outras?

É o caso das culturas hiperindustrializadas, tecnicizadas e urbanizadas que, ao retalhar a existência e despersonalizar as relações humanas, tornam possível a freqüência da precedente unidade nosológica (cf. G. Devereux, F. Laplantine, 1973). É igualmente o caso das culturas religiosas orientais, que, por suas tendências à introversão, contribuem ao estabelecimento de uma espécie de *autismo societário*. É, enfim, o caso daquela psicose, agora aguda, que é o "acesso delirante", que, segundo os estudos de Henri Collomb e de seus sucessores no Centro Hospitalar de Fann, em Dacar, atinge de 30 a 40% dos doentes mentais hospitalizados no Senegal, enquanto é encontrada apenas em ínfimas proporções na Europa. Em troca, o que a etnopsiquiatria africana conseguiu evidenciar é uma quase ausência de auto-acusação e de culpabilidade neurótica, assim como uma raridade de estados depressivos, raridade essa que remete, provavelmente em boa parte, à eficácia dos mecanismos projetivos e ao papel protetor da família ampliada, que age coletivamente como um poderoso antidepressor.

Dessa forma, notar correlações não implica que haja uma relação de causa e efeito quase mecanicista entre tal modelo cultural e tal quadro sintomatológico. Nenhuma sociedade, com efeito, tem um poder *diretamente* patogênico. A sociedade produz modelos, dá indicações, e o indivíduo segue, de uma maneira preferencial, mas de uma maneira preferencial *somente*, mais certos processos de descompensação patológica do que outros.

Atualmente, todos os pesquisadores que praticaram a etnopsiquiatria, não importa em que continente, chegam facilmente a concordar com o fato de que existem tanto perturbações psicológicas características de grandes áreas de civilização quanto uma profunda unidade dos processos da doença mental. A estrutura e a economia de uma psicose ou de uma neurose variam pouco, em última análise, de uma sociedade para outra (disso demo-nos conta pessoalmente por observações efetuadas na França, no Marrocos, na Costa do Marfim, no Brasil). O que é diferente é o conteúdo, isto é, o material com os que se constroem os grandes processos psicopatológicos.

Devemos, pois, afirmar *tanto* a *identidade* dos quadros clínicos em estrutura e sua economia (o que talvez possa ser localizado por qualquer psiquiatra) *como* a *diferença* quanto à sua freqüência, seu conteúdo e a maneira como são percebidos e tolerados.

Se se quiser insistir demais exclusivamente na *permanência*, o perigo é fixar, de uma vez por todas, uma nomenclatura psiquiátrica demasiado rígida. Mas, em troca, se se quiser insistir demais na *diversidade*, corre-se o risco de ceder ao obstáculo do relativismo cultural, isto é, de sociologizar toda a psiquiatria e, principalmente, tornar absolutamente impossível qualquer empreendimento que vise construir uma antropologia da doença[1].

Enfim, o que, a nosso ver, desponta como irrefutável, é que há infinitamente menos diferenças entre as patologias do mesmo tipo localizadas em diversas sociedades do que entre as condutas dos que não sofrem de perturbações psicopatológicas, para

---

(1) Permito-me remeter a meu livro *Anthropologie de la maladie*, Paris, Payot, 1986. (O título dessa obra, em português, seria: *Antropologia da doença*. N. T.)

os quais a variação é, nesse caso, decididamente infinita. O empobrecimento social e individual dos processos psíquicos que o clínico pode recolher em uma etnia africana, por exemplo, contrasta com a abundância e a riqueza do material que o etnólogo pode descobrir nessa mesma etnia.

2. A ETNOPSIQUIATRIA COMO EIXO ESPECIALIZADO DA ETNOLOGIA

A etnopsiquiatria é um dos campos de investigação da etnologia a partir do momento em que esta determina como objetos de estudo a morbidez psíquica e a saúde mental, já que não há nenhuma razão epistemológica para considerá-las como território exclusivo da psiquiatria.

Traçada a partir de observações diretas de comportamentos ligados a uma perturbação psicoafetiva, a etnopsiquiatria tem então como tarefa reunir esses comportamentos à totalidade social na qual se inscrevem, a fim de fazer despontarem tanto lógicas específicas quanto diferenças significativas entre os modos de reações mórbidas, as maneiras de repará-las e a parcela desempenhada pela respectiva sociedade na elaboração das perturbações mentais. Enquanto na prática da pesquisa os diferentes especialistas das ciências humanas isolam domínios particulares, a doença e a cura devem ser aqui consideradas como um "fenômeno social total", segundo o conceito de Marcel Mauss, isto é, um objeto científico a ser construído, tanto mais que não é dado, relacionando-o com o conjunto das estruturas sociais no qual se produz.

Uma das preocupações fundamentais da etnologia das doenças mentais é, atualmente, a da mudança social: o que acontece quando um indivíduo passa bruscamente de uma sociedade para outra (como é o caso, por exemplo, dos magrebinos que vão trabalhar na Europa), ou quando grandes camadas de uma mesma sociedade evoluem num ritmo acelerado sem que os indivíduos estejam preparados para tal?

Como as culturas mais tradicionais fossem culturas de lenta evolução, não impondo o permanente esforço de adaptação que nossas sociedades contemporâneas exigem e *a fortiori* a situação de transculturação, muitos etnólogos consideraram (cf. principalmente os trabalhos de M. Mead em Samoa, tradução francesa, 1963; de G. Seligman na Nova Guiné, 1929; de E. Faris entre os Bantus, 1937) que era conveniente qualificá-las, segundo expressão de G. Róheim, como "sociedades de orientação terapêutica". Um dos exemplos aos quais freqüentemente se recorre para apoiar a hipótese de que a tradição agiria no sentido de proteção contra as doenças mentais é o caso da comunidade de Hutter que tenta viver mantendo intactas sua organização social e suas convicções religiosas, numa deliberada hostilidade contra as contaminações que possam vir do exterior. Ora, estudos precisos (cf. principalmente Eaton e Weil, 1953) desenvolvidos na comunidade em questão — implantada nos Estados Unidos — mostram-nos que as mulheres dessa comunidade estavam muito mais sujeitas às perturbações mentais do que os indivíduos dos grupos sociais ao seu redor e que os estados depressivos (ligados principalmente à aceitação da fatalidade religiosa) entre os homens e as mulheres, em conjunto, eram infinitamente mais difundidos do que nas populações vizinhas.

Na verdade, o que convém sobretudo compreender é que não é a mudança em si que deve ser considerada patogênica, mas a prova criada por descontinuidades culturais muito importantes e por rupturas entre temporalidades antagônicas que são suportadas por uns, mas às quais outros não chegam a adaptar-se, principalmente em função de sua própria personalidade e da fragilização de sua infância. Porém, existem também casos inversos, como encontramos na África, nos quais o que se vivencia como uma opressão insuportável (em particular para os jovens) é o que se chama de "tradição" (constituída pela rígida obediência ao sistema social e à autoridade familiar) e que pode conduzir (e a que preço!) à contestação criadora dos modelos em vigor, mas também a manifestações de descompensação psicopatológica.

Um último ponto, absolutamente capital, deve enfim ser abordado na apresentação deste segundo eixo de pesquisa. Enquanto a etnologia clássica, incluindo também suas recentes produções e mesmo quando não é funcionalista, geralmente tem tendência a ocultar a patologia social como se existissem apenas sociedades que funcionam bem, a etnopsiquiatria, ao contrário, tenta localizar, quando é o caso, disfunções sociais e culturais, isto é, margens patológicas correlativas à lógica da própria cultura.

3. A ETNOPSIQUIATRIA COMO ETNOCIÊNCIA

Ela constitui tanto um campo de investigação que pode ser considerado como uma especialização do eixo de pesquisa precedente (estudo dos conhecimentos populares em matéria de psiquiatria), como um modo de conhecimento caracterizado por verdadeira mudança de perspectiva em relação a tudo o que já se depreendeu até agora (a etnopsiquiatria não mais apenas como objeto do discurso científico, mas também como sujeito do saber não-científico, isto é, o estudo dos conhecimentos etiológicos e de habilidades terapêuticas tanto "populares" quanto "eruditas" em relação às doenças mentais).

Considerada quase sempre na primeira acepção do termo, a etnopsiquiatria como etnociência não designa o discurso nosológico e terapêutico local, mas o procedimento científico que procura dar conta desse discurso. É o que os pesquisadores anglo-saxões chamam de *folk-psychiatry*, isto é, "psiquiatria popular", "psiquiatria selvagem", ou ainda, mais exatamente, as "psiquiatrias indígenas", que são práticas de cura que não ficam nada a dever ao ensino das faculdades de medicina ocidentais. A etnopsiquiatria, assim encarada, procura analisar as maneiras com que outras sociedades, que não a nossa, apreendem a doença mental, procedem a seu tratamento e interpretam suas próprias concepções etiológicas e terapêuticas.

A identificação e classificação das grandes unidades nosológicas, assim como dos sistemas de identificação divinatória (cf., sobre esse aspecto, Zempleni e col., 1985) e de réplicas terapêuticas, despontaram, evidentemente, como eminentemente variáveis de um grupo social para outro. Enquanto certas culturas efetuam uma clara distinção entre as doenças somáticas e as doenças mentais (como os Mohavi estudados por G. Devereux), a maior parte das culturas que habitualmente são qualificadas como "tradicionais" atribui pouca pertinência ao que nós consideramos ser um critério diferenciador. Por outro lado, elas têm maior tendência a acentuar a pesquisa e a identificação das causas responsáveis pela doença do que a proceder a uma precisa descrição dos sintomas. Se considerarmos a extensíssima gama das sociedades, é forçoso reconhecer que as representações etiológicas suspeitadas são muito mais de natureza *exógena* (tomada por um espírito patogênico, agressão por um feiticeiro, infecção por um vírus) do que de natureza *endógena* (é na constituição do indivíduo, tal como na homeopatia, em seu patrimônio, tal como na genética, ou ainda em seus próprios conflitos psicológicos que se deve pesquisar a formação dessas perturbações)[2]. E, correlativamente, a maioria dos "psiquiatras populares" pensa que os fatores da cura são muito mais de natureza exógena (sugestão, droga, extirpação simbólica do mal freqüentemente materializado por um objeto) do que de natureza endógena (tais como os sonhos em santuários, como no Marrocos, ou as associações livres em psicanálise por intermédio da transferência).

Assim, relembrando que toda pesquisa científica sobre psiquiatria exige, inicialmente, que disponhamos de observações clínicas e de descrições etnográficas minuciosas tanto sobre os quadros sintomatológicos apresentados quanto sobre as interpretações etiológicas mobilizadas e as respostas terapêuticas utilizadas, propomos agora evidenciar os diferentes discursos (raramente convergentes) que estão necessariamente em jogo em tal investigação: o discurso etiológicoterapêutico local da sociedade estudada; o discurso etnológico sobre a sociedade estudada; o discurso psiquiátrico; o discurso do próprio doente; e, enfim, o discurso formado pela equação pessoal e social do pesquisador.

(2) Sobre essas noções de etiologia exógena ou endógena, cf. F. Laplantine, 1986, pp. 76-107.

1. O discurso da sociedade estudada. É difícil, para não dizer impossível, se nos situarmos no ponto de vista do "interior", captar as próprias noções de psiquiatria e de psicoterapia nas sociedades extra-ocidentais. Assim, o que alguns chamam de "psiquiatria africana" não é absolutamente percebido pelos interessados como uma atividade separada do resto da cultura.

O que a experiência etnológica nos ensina é que o econômico, o político, o parental, o religioso, o médico, o psiquiátrico etc. são recortes orientados por categorias próprias exclusivamente das nossas sociedades e aos quais correspondem campos disciplinares cujas fronteiras se deslocam e se esfacelam quando passamos de uma cultura para outra ou em relação a uma mesma cultura no tempo. Assim, transpor para outro local que não o nosso essas categorias que, *entre nós* — e apenas entre nós —, são funções distintas às quais correspondem instituições distintas e profissões distintas é, evidentemente, transpor nossos próprios pressupostos etnocêntricos sobre a natureza do político, do religioso, do médico, do psiquiátrico[3].

Tendo me proposto apreender entre os Baulê da Costa do Marfim (cf. Laplantine, 1976, 1978) o que habitualmente atribuímos ao campo psiquiátrico em nossa sociedade, tive de ir pesquisá-lo não na psiquiatria no sentido ocidental (não o teria encontrado), mas no *religioso*, assim como no *jurídico*: a adivinhação que conduz o doente a um processo de reconhecimento e de confissão pública que leva, por sua vez, a uma restauração dos laços sociais perturbados por meio, principalmente, do sacrifício animal.

Em outras palavras, a doença de um indivíduo é diagnosticada pelo adivinho como o sinal de um desequilíbrio e de uma perturbação das relações que o grupo tem com ele e que se situam *fora do doente*. E esse "algo", que extravasa sem cessar não apenas o doente mas também sua relação com aquele a quem podemos considerar o equivalente do psiquiatra, faz, do ponto de vista em

---

(3) Cf., em particular, M. Godelier, *Horizon, trajets marxistes en anthropologie*, Maspero, Paris, 1973; e o número de *L'Homme* (Paris, julho-dezembro, 1978, nos 3-4) consagrado à ideologia, contendo principalmente artigos de M. Augé e M. Godelier.

que aqui nos situamos, rigorosamente, explodir a própria noção de psicoterapia que é a nossa no Ocidente. A ação terapêutica que se trava (mas que ainda mais uma vez ultrapassa e muito a simples psicoterapia no sentido em que a entendemos, e mesmo a socioterapia, já que ela é inicialmente percebida como a celebração de um rito) é essencialmente coletiva.

Representada pela eficácia de uma palavra consagrada (e, portanto, de um discurso *religioso*) através de um culto, ela consiste em uma tentativa de restabelecimento do equilíbrio ameaçado.

Mas os sistemas de imutação etiológica da doença, assim como as práticas de cura, não são comandados, na África negra, apenas por um modelo sociológico, mas também por um modelo biológico. Assim, as representações das causas do episódio mórbido acontecido (ancestrais negligenciados, tabus transgredidos, gênios atormentados, feiticeiros) são igualmente consideradas de natureza alimentar e, mais precisamente, digestiva e nutricional. O que Anne Retil Laurentin (1974) nos mostrou, e que nos parece de maneira decisiva, é que as sociedades tradicionais da África interpretam o encarniçado combate entre o feiticeiro e o antifeiticeiro em termos de alimentação e de antialimentação. A feitiçaria africana, como bem viu essa autora, é uma feitiçaria do ventre: é no ventre do feiticeiro que se aloja o princípio de destruição social da comunidade, princípio físico da natureza antialimentar, provocando uma dessocialização das relações que o grupo mantém com ele próprio e uma desvitalização dos que são suas vítimas, isto é, doentes apresentando os quadros sintomatológicos bem conhecidos na África negra: a anorexia, a insônia e a astenia, que podem, em certos casos, levar até mesmo à morte.

Em resumo, os discursos e as práticas africanas tradicionais são comandados por modelos *sociológicos*, que se exprimem através de representações sempre religiosas, e *biológicos* (a percepção da doença mental em termos somáticos), que se situam no antípoda dos modelos psicológico e, mais ainda, psicanalítico. Isso nos permite afirmar que não poderia existir, do ponto de vista autóctone, psiquiatria africana no sentido (estrito) em que a compreendemos no Ocidente.

2. O discurso etnológico sobre a sociedade estudada. As psicoterapias tradicionais (rituais de exorcismo, cerimônias de possessão etc.) são, segundo o conceito de Marcel Mauss, já citado anteriormente, "fenômenos sociais totais" constituídos pela interferência de relações econômicas, políticas, parentais, religiosas e terapêuticas, que não é espontaneamente percebida pelos agentes sociais. Toda sociedade, com efeito, funciona segundo um princípio de opacidade, e mesmo de falsificação, e o etnólogo não poderia contentar-se com a reprodução abundante, em uma linguagem culta, das astúcias estratégicas do discurso etiológico-terapêutico local. Ele tem, principalmente, de:

- analisar com muita cautela a tendência das sociedades que está estudando a um deslocamento freqüentemente sistemático da interpretação das perturbações mentais para um espaço imaginário vivenciado como exterior às relações sociais objetivas: gênios, espíritos, ancestrais etc.
- não perder de vista que os tratamentos indígenas não são necessariamente terapêuticos; grande parte dos cuidados efetuados visa, com efeito, antes uma readaptação *social* (o que nada prevê acerca da cura mental), e alguns deles contribuem para a própria disfunção não apenas do indivíduo, mas também da sociedade.

3. O discurso do psi. Um problema particular que se coloca ao psicólogo, ao psiquiatra, ao psicanalista que está estudando os conhecimentos etiológicos e as habilidades terapêuticas nas sociedades "tradicionais" e, de muitos pontos de vista, igualmente nas camadas "tradicionais" das nossas próprias sociedades: é espantoso constatar a que ponto a dimensão propriamente psicológica (que acentua a subjetividade do doente, sua fantasmática pessoal e o conflito que é o seu como conflito intrapsíquico) é ocultada e desviada, seja por um deslocamento em direção a uma apercepção somática (as doenças mentais como doenças dos "nervos" na Europa, a feitiçaria como órgão glutão e devorador da África), seja por um deslocamento para um âmbito religioso (os gênios, os ancestrais na África negra, os *jnuns* no Maghreb). Tudo se passa como se a personalidade do doente, sua psicologia, fosse um epifenômeno sem importância[4].

Antes de examinar o que, a nosso ver, tem de ser o procedimento da etnopsiquiatria clínica confrontado com os que aderem aos sistemas de representações de um sistema não-culto, comecemos por indicar duas das atitudes possíveis que pessoalmente encontramos tanto na leitura de textos clínicos quanto diretamente *in loco*.

A primeira consiste na tendência de reduzir formações culturais a processos psicopatológicos. Voltaremos a isso mais adiante. A segunda, inversamente, consiste na admiração diante da eficácia das "psicoterapias tradicionais", posição aliás facilmente partilhada por muitos etnólogos. Trata-se, freqüentemente, neste caso, a nosso ver, de uma abdicação. Pois, ao lado das curas "tradicionais" que têm êxito, há aquelas que fracassam. E, nesse caso, o terapeuta ocidental ou formado dentro de um modelo ocidental não seria capaz de remeter, ainda mais uma vez, seu cliente ao benzedor, ao tirador de malefício (Europa), ao feiticeiro (África negra), ao curandeiro (América do Sul) etc.

Certamente, entre as psicoterapias elaboradas no cadinho de nossa sociedade (em particular a psicanálise) e as práticas de saúde mental que não ficam nada a dever a elas, há muitos pontos em comum. Umas e outras apenas manipulam psiquismo e cultura. Utilizam os mesmos instrumentos: a linguagem, as metáforas, os símbolos. Mas, como tivemos oportunidade de mostrar várias vezes (F. Laplantine, 1978, 1982, 1986), um abismo as separa, e o xamanismo, em particular, não é, como se diz freqüentemente, uma forma de psicanálise, mesmo que "selvagem".

Questão que necessitaria evidentemente de um desenvolvimento que a dimensão desta obra não permite, parece-nos que o clínico está freqüentemente ameaçado por dois obstáculos principais. Caso considere a etiologia, por exemplo, alucinatória das palavras de seu cliente como um mecanismo de projeção, uma

---

(4) A experiência etnológica ensina ao psiquiatra que a atenção dispensada ao indivíduo, às perturbações mentais individuais e à própria noção de indivíduo são consideradas estritamente ocidentais.

expressão do delírio, há pouca possibilidade de que um clima de confiança entre eles se estabeleça. Neste caso, o perigo consiste numa redução da alteridade para a identidade, do desconhecido para o conhecido, o que pode bloquear o processo terapêutico antes mesmo de ele começar. Porém, inversamente, caso o terapeuta ratifique o conteúdo cultural que lhe é apresentado, aceite-o como uma hipótese, corre então o risco de impedir a emergência dos elementos propriamente intrapsíquicos. De onde decorre a necessidade, como escreve Tobie Nathan (1986, p. 126), de "estabelecer um quadro miscigenado no qual cada elemento do material pode ser interpretado segundo uma ou outra lógica".

4. O discurso do próprio doente. Observamos, inicialmente, que, quanto mais nos encontramos diante de sociedades relativamente homogêneas e integradas, como é o caso das culturas "tradicionais", menos o doente tem a possibilidade de analisar, de "questionar", como se diz hoje, o sistema que lhe é proposto (ou imposto). Em troca, quando uma cultura é submetida a um violento processo de aculturação (como é o caso da quase totalidade das sociedades do Terceiro Mundo atualmente) ou está vivendo uma crise de suas bases (Ocidente contemporâneo), o indivíduo se acha então, fatalmente, confrontado com modelos de tratamento divergentes, o que lhe permite criticar (mais freqüentemente de maneira arriscada) um com a ajuda do outro, ou ainda, passar de um para outro (da medicina científica para as "medicinas paralelas" ou inversamente[5], num processo de investimento ou de desinvestimento, ou, se se prefere, de confiança e de desconfiança.

Poucos trabalhos etnopsiquiátricos a respeito dos conhecimentos tradicionais sobre a doença e a cura tentaram, a nosso ver, aprofundar a maneira como o próprio indivíduo vivencia a interpretação etiológica e terapêutica dominante de sua sociedade. Entretanto, uma exceção tem de ser feita quanto às pesquisas realizadas por Mohamed Bougahali (1979) no Alto-Atlas

---

(5) Cf., na coleção "Que sais-je?", F. Laplantine e P. L. Rabeyron, *Les médecines parallèles*, PUF, 1987. (Tradução brasileira: *Medicinas paralelas*, São Paulo, Brasiliense, 1989. N. T.)

marroquino. Esse autor mostrou que existia verdadeira distorção entre:
- o modelo cultural marroquino ainda hoje preponderante, que, na busca das causas das doenças mentais, denomina maciçamente *jnuns*, feiticeiros e santos;
- e o discurso subjetivo tal qual é enunciado pelos doentes que prioritariamente acusam o funcionamento matrimonial e, em particular, sexual da sociedade marroquina. Mais precisamente, enquanto a cultura tradicional ambiente, que ainda comanda as instituições e o comportamento da maioria dos marroquinos, responsabiliza majoritariamente a perseguição por espíritos e forças vindas de outras plagas, quando nos voltamos para o lado dos indivíduos hospitalizados por perturbações mentais em busca de fatores subjetivamente vivenciados como que precipitando a entrada deles na patologia, a interpretação etiológica invoca a agressão por espíritos e santos para apenas 14% e rompe o silêncio acerca do meio social: a família, o casamento e as dificuldades sexuais se tornam responsáveis pelo desencadear das perturbações mentais para 40% dos doentes entrevistados.

5. *O discurso formado pela equação pessoal do pesquisador ou do prático*. Enquanto este último discurso, formado pelos preconceitos, pela afetividade, pela adesão mais ou menos forte aos valores da sociedade, geralmente é negado pelos partidários da "neutralidade" e da "objetividade" científica, dentro de uma perspectiva tanto sociológica (P. Bourdieu, 1980; E. Morin, 1984) e etnopsicanalítica (G. Devereux, 1980), é conveniente, ao contrário, integrá-lo na problemática da própria ciência, que não poderia abster-se de dar contas da implicação do ser humano em sua própria prática.

Se, com efeito, enquanto pesquisador, eu proceder, segundo o conceito de Bachelard, por "rupturas epistemológicas" em relação às ilusões da percepção espontânea, não serei menos homem que todos os outros, vivendo em uma dada sociedade, ou seja, falando de algum lugar. As concepções científicas que utilizo em meu trabalho informam, é claro, acerca das representações não eruditas, que também são as minhas na minha vida de todos os dias (cf. F. Laplantine, 1986). Mas, por um lado, aquelas não poderiam ficar libertadas de seus laços com o social e, além do mais, estão sempre divididas entre diferentes modelos (biológico, psicológico). Por outro lado, se eu for psiquiatra, não é absolutamente seguro que vá aderir em meu âmago, sem restrições (todos temos um inconsciente que zomba cegamente da realidade), à interpretação etiológica e à ostentação terapêutica que emprego em minha vida profissional. E se, além disso, me comprometo com a pesquisa e a prática etnopsiquiátricas é muitíssimo provável que as mutações que me impelem para tal procedimento me levem a criticar a psiquiatria ambiente de minha cultura. Existe, portanto, em todos (e não vemos realmente por que o psiquiatra ou o psicanalista escapariam disso), uma distância entre as representações — freqüentemente inconscientes — que são as do ser humano e os instrumentos científicos de exploração e de intervenção postos em ação.

Mais exatamente, toda a produção etnopsiquiátrica sobre os conhecimentos etiológicos e as habilidades terapêuticas que estamos estudando se elabora sob a influência conjunta de um duplo modelo:

- *O modelo que a minha própria sociedade forjou para apreender a doença mental.* O psiquiatra, assim como o etnólogo, têm de, a esse respeito, resignar-se a ficar privado da possibilidade de "pensar fora dos quadros sociais" de nossa própria cultura, como diz Joseph Gabel, e acrescentaremos fora da subjetividade própria a cada um de nós[6].
- *O modelo da sociedade que estou estudando* e que, necessariamente, também me influencia. Com efeito, adiro, ainda que provisoriamente e numa parcela de mim, ao sistema terapêutico local que fui formalmente estudar. Pois, se me recusasse antecipadamente a ouvir os outros, se chegasse ao meio munido de um gabarito de decodificação escrupulosamente recortado com a idéia de que os curandeiros

---

(6) Mesmo que eu não partilhe do modelo psiquiátrico dominante em minha sociedade, continuo, entretanto, a influenciar-me por ele, já que é contra ele (cf. a "antipsiquiatria"), e não independentemente dele, que reajo.

tradicionais são charlatães, melhor seria mudar o mais rápido possível de profissão, pois a prática da etnologia, assim como a prática da psicanálise, exige, evidentemente, que se aceite assumir uma parcela de aventura.

Temos, pois, de considerar não só distorções perceptivas atribuídas tanto a) à equação pessoal do pesquisador: por seu intermédio, é a sua própria sociedade que é observadora, e ele não consegue não projetar sobre seu objeto uma parte de seus desejos ou de suas ilusões[7]: b) ao objeto observado que se apresenta a ele próprio e aos outros, anulando sua própria transparência[8].

6. Um terceiro modelo como mediador entre nós mesmos e os outros. Exatamente para poder dominar e analisar as deformações psicoafetivas e sócio-históricas que se desenvolvem a partir desse duplo condicionamento, ou, mais precisamente, ao encontro deles, é que o pesquisador pode recorrer a um terceiro modelo, que deve permitir exatamente pensar os dois outros, tentando evitar que um se projete sobre o outro nas vias da anexação (por um) ou da conversão (ao outro). Esse terceiro modelo se efetua ao proceder a uma dupla ruptura a) em relação ao sistema de representação da doença e da cura ambiente em minha própria sociedade e em minha subjetividade; b) em relação ao sistema etiológico-terapêutico da sociedade que estou estudando (cf. F. Laplantine, 1986 e 1987).

O que é próprio do pesquisador em etnopsiquiatria é, com efeito, não ser mais portador da sociedade observada do que o

---

(7) É assim que a medicina popular foi considerada até recentemente, como um verdadeiro objeto de aversão, ou pelo menos de descrédito, antes de tornar-se, atualmente, um objeto de curiosidade e, para alguns, de cupidez.
(8) Mohamed Boughali (op. cit.) mostrou que a sociedade tradicional marroquina, a fim de ocultar os aspectos salientes de sua própria disfunção (em particular as relações entre os sexos e o mal-estar no interior da família) e de camuflar a responsabilidade do sistema na doença mental, responde vivamente quando esta acontece, invocando a perseguição pelos *jnuns*. O benefício social da representação etiológica construída, como mostra Boughali, é imenso: fingir compaixão para com as vítimas de uma perseguição que ela atribui a espíritos vindos de outras plagas, enquanto é a própria sociedade, em suas relações sociais objetivas que estão em jogo, que inventa literalmente essa etiologia alucinatória para inocentar-se.

ideólogo de sua própria sociedade, mas observador crítico e vigilante das duas. Em outras palavras, o que distingue a tarefa do etnopsiquiatra da mensagem do ideólogo é que o primeiro tenta reiterar incessantemente o ato de ruptura com o espírito do conformismo (que se adapta e readapta), do etnocentrismo (que exclui), do messianismo (que promete), da possessão (que embriaga) e da utopia (que dita leis)[9].

Mas nosso trabalho seria consideravelmente simplificado se tivéssemos, por um lado, a verdade da psiquiatria científica em sua pureza metodológica, liberdade de qualquer subjetividade e de qualquer adesão às mentalidades da época e, por outro, os conhecimentos empíricos das terapias "não eruditas", carregadas de ilusão. Considerar a maneira pela qual é vivenciada e pensada a origem de uma doença e o tratamento que a ela responde como um sistema de representações é manter a distância o fenômeno considerado, e essa distância é, sem dúvida, uma das condições necessárias para qualquer antropologia psiquiátrica. Mas esta última também é uma prática social que, enquanto tal, não poderia estar totalmente isenta de crenças subjetivas, de adesões a valores, em resumo, de ideologia.

Se, portanto, as distorções atribuídas à sociedade observadora me arrebatarem, corro o risco de tornar-me, nem mais nem menos, o ideólogo de minha própria sociedade, de traduzir as representações dos outros na mentalidade, na linguagem e nos quadros conhecidos de minha cultura. Assim, analisar o marabuísmo, a feitiçaria e as perturbações que trazem os mortos por entre os vivos em termos de castração fálica e de regressão pré-edipiana é, sem dúvida, totalmente exato mas totalmente insuficiente. Se as constelações de espíritos, de gênios e de forças ora benéficas, ora maléficas e patogênicas forem instâncias psicológicas de identificação individuais e coletivas, elas não poderiam ser reduzidas apenas a isso.

Mas, inversamente, se as distorções atribuídas à sociedade observada me arrebatarem, corro, então, o risco de converter-

---

(9) Cf. F. Laplantine, *Les troix voix de l'imaginaire, le messianisme, la possession e l'utopie*, Paris, Ed. Universitaires, 1974. (Esta obra teria, em português, o seguinte título: *Três vozes do imaginário: messianismo, possessão e utopia*. N. T.)

me à ideologia dos outros, de mudar, nem mais nem menos, de sistema de representação, que não mais é avaliado a partir de um outro, mas sim a partir dele próprio. Essa tendência está em ação em todos os que — psiquiatras e etnólogos — há cerca de quinze anos se encantam com os métodos do que chamam de "psiquiatria tradicional" e com a, por assim dizer, tolerância de que seriam prova as sociedades ocidentalizadas em relação aos doentes mentais[10].

Se, enfim, o pesquisador, por uma espécie de purismo metodológico, que na realidade seria apenas dogmatismo, se fechar no modelo científico que comanda sua prática, fingir acreditar, por exemplo, em uma ruptura epistemológica perfeita em relação às ilusões do senso comum, com a convicção do triunfo da razão nosológica ou etnológica pura libertada da irracionalidade de sua época, cabe pensar que o rigor teórico professado está degenerado em verdadeira rigidez doutrinária.

A nosso ver, a prática científica nos ensina que, principalmente a partir da pesquisa sobre conhecimentos psiquiátricos que não os nossos, existe uma inadequação entre a realidade (etnográfica e nosográfica) apreendida e o *objeto científico* (etnológico e nosológico) construído. O procedimento etnopsiquiátrico que aqui analisamos e tentamos pôr em ação pode, pois, ser considerado como um *terceiro discurso*, que, embora tenha por tarefa mediar os dois outros, sofre fatalmente suas influências. E esse é o terceiro discurso, que permite unicamente, a nosso ver, indagar tanto sobre as relações dos sistemas de representações etiológico-terapêuticas estudadas na sociedade na qual eles se inscrevem quanto sobre esses sistemas em relação aos nossos e à nossa sociedade, evitando tanto a sua transcrição à maneira de versão quanto a sua tradução à maneira de interpretação.

7. Da etnociência como objeto do discurso erudito à etnociência como sujeito do saber popular. Estas últimas reflexões nos permitirão depreender uma das possíveis direções da

---

(10) Cf., por exemplo, o final do comentário do filme de Jean Rouch, *Les maîtres fous*, ou o livro de D. Storper-Perez (1974).

etnopsiquiatria enquanto método de conhecimento caracterizado por uma verdadeira mudança de perspectiva em relação à pesquisa etnocientífica que qualificaremos de clássica. Esta última, que pode ser definida como um procedimento fundado em minuciosas observações etnográficas, procurando analisar e dar conta de conhecimentos e de habilidades em matéria de interpretações e de tratamentos das perturbações mentais, sempre determinou como campo de investigação apenas as sociedades que evoluíram fora da nossa área de influência cultural: as sociedades "indígenas", "primitivas" ou "exóticas". Mas não há nenhuma razão científica séria para que se faça uma exceção para com nossa própria sociedade (até, e aí incluído, o estudo de nossas mais modernas quimioterapias), que também pode muito bem ser considerada *objeto* do conhecimento, e não mais *sujeito* do saber.

O corolário (do nosso ponto de vista, mais importante ainda) que deve, a nosso ver, acompanhar esta primeira proposta é o seguinte: enquanto podemos interpelar a psiquiatria "erudita" em seu estatuto de sujeito de enunciados *sobre* a doença mental, cientificamente é igualmente legítimo, e não somente legítimo mas fecundo, não mais considerar os conhecimentos psiquiátricos populares e tradicionais como simples objetos sociais de investigação, mas como autênticos *conhecimentos* que esclareçam o pesquisador tanto quanto têm de ser esclarecidos por ele.

Diante de um ritual terapêutico realizado como uma cerimônia no decorrer da qual o indivíduo doente é chamado a confessar publicamente seus erros, ainda que imaginários, e que julgam ter ele cometido contra o grupo (África negra), ou de um laborioso processo de descarrego de uma vítima que se acredita agredida por um feiticeiro (na própria França atualmente), a etnopsiquiatria não pode, por razões tanto afetivas quanto científicas, colocar-se em uma relação de pura exterioridade[11]. A relação do observador para com o observado é instável e até corre o risco, a qualquer instante, de balançar por inversão de papéis.

Além disso, toda psiquiatria, "popular" ou "erudita", africana, asiática ou européia, pode ser apreendida como procedendo a uma série de opções que pode ir (sobretudo) do *exorcismo* —

(11) Cf. G. Devereux, 1980.

é a representação do médico exorcista e do doente vítima — ao *adorcismo* — é a representação do doente herói ou do médico louco — e que se inscreve no que Lévi-Strauss chama de "sistemas de transformações". Equivale dizer que encontramos, por toda parte, tanto no nível da imagem que uma dada sociedade faz da doença mental quanto no nível de seus processos terapêuticos, uma série de elementos constantes e outra de elementos variáveis. Postular uma primazia absoluta das constantes sobre as variações culturais levaria a fazer das práticas psiquiátricas que nos são exteriores simples representações das nossas. Mas, inversamente, afirmar uma heterogeneidade cultural total dos modelos de apreensão da doença mental e de resposta terapêutica tornaria rigorosamente impossível a própria empreitada da etnologia, da etnopsiquiatria e da psiquiatria transcultural.

O principal problema da etnociência torna-se, então, o de uma confrontação entre diversos sistemas interpretativos da doença e diversos sistemas organizadores da cura, respectivamente divergentes e convergentes. A compreensão de rituais terapêuticos como os que estudamos há cerca de dez anos na região baulê (F. Laplantine, 1976, 1978) ou como os que estudamos desde 1983 no Brasil (F. Laplantine, 1978 b), colocando-nos alternadamente dentro e fora, permite-nos formular o seguinte enunciado: cada uma dessas terapias (que são psicoterapias, socioterapias ou cerimônias religiosas, conforme a maneira como as consideramos) constitui uma das representações possíveis de uma psiquiatria geral.

Convém, portanto, aqui, juntar as duas pontas da corrente e assegurar, ao mesmo tempo:
- a variação das interpretações etiológicas que, etnograficamente, despontam como infinitas e o número total bem limitado dos modelos teóricos levados em consideração pelas diversas sociedades conhecidas;
- as diferenças de tratamento das doenças mentais de uma sociedade para outra (considerando-se a interferência de sistemas em presença) e o pequeno número de soluções teóricas levadas em consideração para a elas responder.

Da maneira como se combinam e se organizam os elementos variantes e os elementos não variantes brota exatamente a originalidade de um dado sistema etiológico-terapêutico.

Posso, por exemplo, compreender certo sistema terapêutico em termos de extração do elemento patogênico para fora do campo psicológico e social do doente (opção exorcista) *sem me referir à minha cultura*, porque essa opção, que também é a nossa, eu encontrei também na África e na América Latina. Da mesma forma, posso compreender o que nos sugerem os que se qualificam a si mesmos, na origem de seu movimento, de "antipsiquiatras", *sem me referir apenas* à crise que nossas instituições atravessam atualmente, pois essa opção "adorcística", segundo expressão de Luc de Eusch, foi encontrada na Nigéria, entre os Songhay, por Jean Rouch, e entre os Hausa por Jacqueline Broustra-Montfouga. Podemos ir mais longe ainda: assim como os conceitos elaborados no interior da cultura analítica podem ser utilizados fora do quadro analítico (levando-se em conta evidentemente reavaliações que se impõem), podemos indagar-nos sobre a psicanálise a partir desse ou daquele ritual africano ou afro-brasileiro.

Observemos aliás que esse nível de procedimento da "folk-psiquiatria" (que é, como vemos, o contrário de um gabarito de leitura do qual disporíamos à maneira de um saber preexistente e que levaríamos conosco no decorrer das sociedades visitadas) já está em germe no próprio Freud quando, em 1907[12], tem a intuição de que é possível utilizar um fenômeno cultural observado em uma outra sociedade (os "exercícios religiosos") como *instrumento exploratório* de perturbações mentais existentes na nossa (as "ações compulsivas") e quando, em 1912, em *Totem e tabu,* sistematiza esse procedimento, a nosso ver deploravelmente abandonado pela maioria de seus sucessores: utilizar a religião como reveladora da neurose obsessiva, a arte dramática como reveladora da histeria, e a filosofia como reveladora da esquizofrenia[13].

---

(12) "Ações compulsivas e exercícios religiosos", in *Névrose, psychose et perversion,* PUF, Paris, 1973, pp. 133-142.
(13) Freud utiliza o *totemismo australiano* não apenas para fundamentar antropologicamente a universalidade da psicanálise, mas também para explicar as perturbações obsessivas de *seus pacientes*. Assim, qualifica com o nome de Édipo, ou seja, de um herói da tragédia grega do século IV a. C., uma formação psicológica que identifica na *burguesia vienense do início do século XX*.

4. A ETNOPSIQUIATRIA COMO PRÁTICA DA COMPLEMENTARIDADE DISCIPLINAR

Esforçando-nos para jamais perder de vista a conexão, a nosso ver indispensável, entre os grandes eixos da pesquisa etnopsiquiátrica tal como acabamos de examiná-los, convém agora estabelecer claramente que a etnopsiquiatria não poderia ser caracterizada por sua conexão com um campo temático determinado, pois não é seu objeto que determina seu método, mas, ao contrário, seu método é que *transforma* fatos brutos em objetos de conhecimento científico. Ora, a etnopsiquiatria é uma pesquisa fundamentada na articulação de um duplo procedimento diferenciado: o procedimento do etnólogo que recolhe fatos etnográficos e os transforma em objetos etnológicos e o procedimento do psiquiatra que encontra fatos nosográficos e os transforma em objetos nosológicos, com a prática clínica resultante dessa interação consistindo em estabelecer um diagnóstico, organizar um prognóstico e decidir uma ação terapêutica não mais se apoiando apenas nos conhecimentos provenientes de nossa cultura de origem, qualquer que seja ela.

Tal modo de investigação e de intervenção, cujos fundamentos teóricos vamos agora explicitar, nos permitirá, ao mesmo tempo, medir melhor os limites dos dois primeiros grandes eixos de pesquisa apresentados anteriormente. No primeiro, a etnologia era utilizada como instrumento a serviço da psiquiatria e, no segundo, a psiquiatria como instrumento a serviço da etnologia. Ora, o perigo de uma tal concepção das relações interdisciplinares é que ela nos parece implicitamente comandada por uma prática de assessoramento que consiste em dissimular as próprias carências de sua disciplina, pedindo socorro à disciplina vizinha, que se convoca, se consulta e se aciona, mas que também se pode dispensar, como simples trabalhador temporário. O que vamos mostrar exatamente agora é a que ponto a estrita epistemologia da complementaridade etnopsiquiátrica (cf. G. Devereux, 1972), comandada por um triplo princípio — que, aliás, é comum à totalidade do campo do conhecimento científico —, nos permite encarar com vigilância e evitar os obstáculos dessa natureza.

1. Princípio da especificidade disciplinar. É um dos méritos do positivismo lógico, em particular da obra de Wittgenstein (1961), ter mostrado que era impossível concretizar um discurso científico sobre o mundo apreendido como um todo e que, correlativamente, os diferentes enunciados da ciência podem dizer respeito apenas a *aspectos fragmentários do real*. É a particular vocação da psiquiatria de ir o mais longe possível na compreensão *psicopatológica* do fenômeno estudado e é a particular vocação da etnologia de também ir o mais longe possível na compreensão cultural do *mesmo* fenômeno. Assim, a etnopsiquiatria, como prática e pesquisa pluridisciplinar, exige, inicialmente, o respeito à disjunção de duas abordagens distintas, não enquanto apropriação respectiva de "territórios", mas enquanto metodologias originais determinadas por escolhas teóricas específicas e que faz com que se manifestem problemáticas diferenciadas.

A fim de compreender melhor como funciona esse procedimento, examinaremos, agora, o exemplo da umbanda no Brasil, com função essencialmente terapêutica, e, mais exatamente, do transe mediúnico que é seu sustentáculo. O culto consiste na "incorporação" dos espíritos, saudados um após o outro por cantos e danças apropriados. Cada fiel, que é ele próprio um médium e é "cavalgado", tal como uma "montaria", por um espírito — "o guia da cabeça" — que desce nele. Com a sua personalidade excitada agora abolida — durante as duas horas que dura a cerimônia —, ele adota a postura corporal da entidade que nele se manifesta. Assim, os *caboclos* (símbolo das qualidades de força, de vitalidade e de resistência dos ancestrais indígenas do Brasil, assim como das forças cósmicas espiritualizadas) se mantêm em pé, em uma posição ereta, com expressão arrogante e altiva. Os *pretos velhos*, símbolo da humildade dos antigos ancestrais escravizados, caminham com dificuldade, recurvados, com as mãos atrás das costas. As *crianças*, símbolo de inocência e alegria, fazem gracejos, e as mães-de-santo se vêem obrigadas a chamar a sua atenção. Os *exus*, que são espíritos vivazes, de caráter erótico fortemente pronunciado, ficam recurvados bem perto do chão. As *pombas-giras* (= exus fêmeas) assumem provocantes posturas de prostitutas... Depois, vem o momento da "desincorporação": as divindades são expulsas do corpo do fiel, que tudo esquece sobre a metamorfose de que foi objeto.

É no decorrer dessas cerimônias que os médiuns possuídos recebem os clientes que a eles se apresentam. Sentados em banquinhos, enunciam um diagnóstico, prescrevem um tratamento, dão conselhos e imperceptivelmente os conduzem a um certo número de ritos particulares que farão deles adeptos, por sua vez suscetíveis à incorporação das divindades. Em outras palavras, praticando por si mesmo a religião é que se poderá não apenas ser "curado" mas também tornar-se "curador"[14]. Esbocemos agora a dupla interpretação que um etnopsiquiatra pode propor para eles.

• *Interpretação sociocultural.* A umbanda tem incontestável mérito para um etnólogo brasileiro. Ela lhe possibilita perceber, em seu mais alto desenvolvimento, que, a uma busca de identidade individual de quem está atravessando uma crise, é fornecida a resposta de uma identidade cultural que é a da nação brasileira em todos os seus componentes históricos. Ela lhe permite compreender o estágio das relações sociais entre homens, entre mulheres e entre homens e mulheres.

a) Encontra-se nos *terreiros* uma maioria de mulheres que estão vivendo o que Sérvulo Augusto Figueira chama de uma "situação familiar de cartografia embaralhada", caracterizada pela coexistência contraditória de um modelo de identificação patriarcal e de formas de existência "modernas" e mesmo "ultramodernas".

b) Encontram-se também indivíduos pertencentes essencialmente às camadas populares, que não podem ter acesso ao siste-

---

(14) Esse processo foi brilhantemente ilustrado no filme de A. P. Barreto e A. M. Cavalcante *Um curandeiro do Nordeste*, Fortaleza, Universidade Federal do Ceará, 1985.

ma oficial de assistência sanitária e social, assim como indivíduos pertencentes à classe média, para quem o futuro permanece problemático.

A noção primordial de "caminho fechado" que vai ser aberto pelo machado de *xangô* ou a popularidade de *exu* e de *trancaruas* que vão desbloquear o caminho em detrimento de um terceiro são eminentemente expressivas da situação socioeconômica de grande parcela da população para a qual o futuro é literalmente vivenciado como bloqueado. Aquele que está sofrendo e que se torna filho ou filha-de-santo e, principalmente, pai ou mãe-de-santo adquire, então, um status de prestígio e de poder que, para importante parcela da população brasileira, não pode ser atingido na sociedade civil.

Assim, a adesão à religião, que consiste sempre no desenvolvimento do transe mediúnico ou, mais exatamente, da tomada, que é sua domesticação e sua socialização, assegura aos indivíduos que apresentam um afecção somática, uma perturbação psicológica ou que estão atravessando uma provação social tanto uma integração na sociedade quanto uma diferenciação em relação a ela. Para todos os desarraigados do sertão (cf. principalmente Antônio Mourão Cavalcanti, 1985) que vão procurar refúgio nas grandes cidades do litoral, assim como para a população urbana de implantação menos recente[15], porém confrontada, como aqueles, com uma sociedade em mudança (na qual a família está em plena desagregação), a umbanda, constituída de pequenas unidades sociais, fornece uma estrutura de acolhida que oferece certezas. Ela lhes oferece a inserção em uma família simbólica, suscetível de paliar as carências da família genética e de desviar, por seus serviços sanitários e sociais, a violência urbana. Em resumo, ela possibilita uma anulação ritual das contradições sociais e econômicas.

• *Interpretação psicológica*. As questões apresentadas (e os

---

(15) O desenvolvimento da umbanda, que surge nos anos trinta, acompanha o movimento de modernização, industrialização e urbanização da sociedade brasileira. É nas grandes cidades, em particular no Rio de Janeiro e em São Paulo — terceira cidade do mundo e o maior complexo econômico de toda a América Latina —, que tem maior sucesso.

embriões de respostas propostas) de dentro do próprio cerne do procedimento fundamentalmente antropológico que acaba de ser esboçado nos conduzem a trocar tal procedimento por uma abordagem, desta vez deliberadamente psicológica, que nada mais é do que a exploração, agora, de processos *individuais* em jogo em tal fenômeno. A leitura que podemos fazer, apoiando-nos nas mesmas observações e nas mesmas entrevistas que efetuamos tanto com os terapeutas da umbanda quanto com seus clientes, é, desse ponto de vista, a que se segue: quem vai consultar um médium umbandista está sofrendo de uma falta manifestada ou dissimulada pela defesa psíquica que é o sintoma. O tratamento é suscetível de preencher essa falta, fornecendo ao doente significações de que ele estava carente. É suscetível de agir no sentido de uma reorganização psicológica e social do indivíduo. Em outras palavras, a inserção do espaço social do *terreiro* permite que uma energia flutuante seja liberada, deslocada, convertida, não mais em forma de conversão somática, mas de conversão psicológica e social, ligando-se a um conteúdo cultural ao qual adere.

Uma sessão de umbanda é um delírio cromático, musical e coreográfico. É a imensa projeção ritmada, cantada e dançada das frustrações psicológicas e dos conflitos sociais da sociedade brasileira no conjunto de seus comportamentos culturais. Por meio de uma exuberância de símbolos que podem ser observados do exterior, é um vertiginoso processo que se desenvolve no seu interior para quem a ela adere, é toda a cultura brasileira e também todo o cosmos que é mobilizado.

Como é que essa proliferação de símbolos interiorizados no corpo, incorporados como um verdadeiro alimento e carregados com todo o peso da cultura poderia nada provocar? O espantoso seria que nenhuma liberação de afeto, que nenhuma reorganização se produzisse.

Mas não acredito que se possa falar em cura no sentido psicanalítico. O consulente, tornado adepto, ao interiorizar um mito, livrou-se do sintoma. Contudo, não tomou consciência do conflito que lhe deu origem.

A força da umbanda é permitir a *ressocialização* dos que estão sofrendo um mal biológico, um mal-estar psicológico ou um infortúnio social, porém ao preço de uma *dependência* em relação à religião. Os problemas que não podem ser resolvidos pelo indivíduo na realidade (social e econômica) são *deslocados* para o imaginário e tratados pelo grupo.

Esse exemplo nos possibilita compreender que um mesmo fenômeno não é, em si mesmo, "antes" econômico, "antes" político, "antes" psiquiátrico, "antes" etnológico. A umbanda não é um objeto que diria respeito, por qualquer ligação preestabelecida, muito mais à antropologia ou à psiquiatria, a partir de recortes empíricos que, na realidade, sempre são recortes ideológicos. É um "fenômeno social total" absolutamente irredutível a uma abordagem monodisciplinar.

É tarefa das ciências políticas, analisando as relações de poder (homens/mulheres, pobres/ricos, brancos/não-brancos) tanto manifestadas quanto dissimuladas pelos participantes do culto, fazer aceder o fenômeno considerado ao *estatuto científico de objeto político*. É tarefa das ciências psicológicas, considerando a natureza dos processos psicoafetivos em jogo (perda momentânea de consciência, desdobramento da personalidade, reestruturação individual, passando por uma inscrição musical e gestual das emoções em um espaço coletivo, introjeção de um ideal do eu, ou melhor, de um ideal de grupo, efeitos relaxantes e catárticos do transe etc.), fazer aceder o que considera como fatos nosográficos ao *estatuto científico de objeto psicológico*. É tarefa do etnólogo, tentando decodificar a linguagem social e sacra exprimida nas condutas dos possuídos, transformar informações etnográficas, fazendo-as aceder ao *estatuto científico de objeto etnológico*.

Mas aqui convém introduzir a distinção, a nosso ver absolutamente fundamental, de Georges Devereux entre o "motivo operante" e o "motivo instrumental". Se nos colocarmos do ponto de vista da antropologia social e cultural, a umbanda é uma *cerimônia religiosa com dimensão terapêutica*. Se nos colocarmos do ponto de vista da antropologia psicológica (ou psicanalítica), é *uma prática terapêutica* ou patológica (deixemos, no âmbito desta obra, a questão em aberto) que se exprime por meio de um *discurso religioso*, ou seja, social. Chamaremos então de "motivo operante" a prática com finalidade terapêutica e qualificaremos o estudo do discurso religioso de "motivo instrumental".

A diferença entre os psicólogos, os psiquiatras e os psicanalistas, de um lado, e os sociólogos e etnólogos, de outro, não é que eles trabalham com objetos diferentes, é que *invertem a ordem de primazia dos instrumentos que utilizam*. O trabalho da etnopsiquiatria consistirá, então, em articular as significações psicológicas ou psicopatológicas evidenciadas pelo psicólogo ou pelo psicanalista (realização do desejo, mas ao preço de uma negação da realidade) e as significações culturais evidenciadas pelo etnólogo (culto da possessão como fenômeno de regulação social, permitindo ao grupo resolver seus conflitos e representar ritualmente sua tensões) e indagar-se sobre a pertinência científica dessas respectivas abordagens.

2. *Princípio da não-simultaneidade.* Assim como não existe enunciado científico se os pesquisadores não precederem a recortes de núcleos de significações analisados com a ajuda de metodologias diferenciadas, é cientificamente não apenas ilegítimo mas impossível estudar o mesmo fenômeno *simultaneamente* em termos econômicos, políticos, psicológicos, sociológicos etc.

Um dos méritos, e não o menor, da epistemologia de Georges Devereux é ter mostrado que o princípio da incerteza de Heisenberg (a saber, que não podemos determinar, ao mesmo tempo, a natureza ondulatória e a natureza corpuscular de uma partícula) se aplicava tanto ao instrumento metodológico da etnopsiquiatria quanto ao da física quântica. Em outras palavras, não posso, num mesmo momento, concretizar um discurso psiquiátrico (ou psicológico) e um discurso etnológico (ou sociológico). Quanto mais avanço na compreensão da "possessão" enquanto fenômeno social de celebração fervorosa de um culto, mais me distancio do conhecimento psicopatológico do mesmo fenômeno. Querer ser simultaneamente psiquiatra e etnólogo não é apenas atacar o rigor científico de cada um desses procedimentos, é esbarrar numa impossibilidade epistemológica maior.

Disso resulta que a etnopsiquiatria, como prática pluridisciplinar que é, como se percebe, bem o contrário do tatu de Kipling, um ser híbrido metade tartaruga e metade porco-espinho, só pode consistir no exame *sucessivo* de, pelo menos, duas dimensões do mesmo fenômeno, cujas significações, que exprime e dissimula concomitantemente, devem ser compreendidas não mais em conjunto, mas, como diz Russell, "uma a uma".

3. Princípio da complementaridade etnopsiquiátrica. Nossa preocupação de mostrar, agora, a necessidade da inclusão epistemológica dos dois respectivos procedimentos é tão imperiosa quanto foi a de operar sua *disjunção metodológica*.

1. Insistamos, inicialmente, no fato de que a psiquiatria e a antropologia — e sem dúvida ainda mais a psicanálise e a etnologia, porque efetuam uma descentralização: uma em relação ao sujeito consciente do discurso; outra, em relação ao que a sociedade do observador manifesta — são, entre si, enquanto "ciências do inconsciente", segundo expressão de Michel Foucault, numa relação de complementaridade e reciprocidade absolutamente privilegiada.

a) Assim como a psicanálise é uma prova em muitos aspectos escandalosa que não pode ser reduzida ao racionalismo psicológico e menos ainda à medicina, a etnologia é uma experiência impossível de ser reduzida à simples técnica de análise do sociólogo, que é para o etnólogo apenas um, entre outros, de seus instrumentos lógicos.

Assim como a psicanálise, ao nos fazer penetrar no duvidoso universo de nosso arcaísmo universal, abriu extraordinária fenda no campo do saber doutrinal do Ocidente, a experiência do meio prolonga a experiência do divã, o discurso do outro (o "louco", o "primitivo"), com efeito, ao mesmo tempo que nos descentra de nós mesmo, não pára de nos remeter a nós mesmos. De tal modo que a etnopsiquiatria — que, inicialmente, é a experiência de uma dupla viagem, ao "interior" (psicanálise) e ao exterior (etnologia) — se acha confrontada com quatro elementos: a loucura e a não-loucura, o arcaísmo e a modernidade, que são representações universais e virtualmente atualizáveis de cada um de nós[16].

b) Ainda que acentuando o fato de que as perturbações mentais tenham de ser apreendidas e estudadas enquanto conflitos intrapsíquicos, a psicanálise também é um discurso que recorre à dimensão social da personalidade. Na verdade, desde o início da intuição psicanalítica, Freud examina a conexão do indivíduo com as relações sociais que o parentesco constitui. Depois, acreditando ser necessário um conhecimento preciso da etnologia, lê os autores de sua época e escreve quatro obras de caráter cultural (cf. p. 18).

Por sua vez, a etnologia é um modo de conhecimento que não hesitaríamos em qualificar de *clínico* no sentido em que se baseia em uma *relação* de indivíduo a indivíduo.

c) O psiquiatra e o psicanalista injetam a dimensão patológica no campo da pesquisa etnológica e fazem-na lembrar que as variações de morbidez não são apenas interculturais, mas interindividuais. Ensinam também ao etnólogo que ele não poderia abster-se de analisar a natureza da relação que o une a seu objeto e que ele tem de considerar suas próprias reações psicoafetivas não como simples preliminar epistemológica, menos ainda como um obstáculo ao conhecimento, mas como que fazendo parte do objeto mesmo de sua própria pesquisa (cf. G. Devereux, 1980).

A etnologia, por sua vez, não apenas pela consideração da dimensão cultural da doença mental e pelo fato de que não existem apenas disfunções sociais, torna-se indispensável para a psiquiatria, até mesmo na elaboração de um diagnóstico e na execução de um tratamento. É difícil, para não dizer impossível, ao psiquiatra, que não seja ele próprio etnopsiquiatra, diagnosticar certo número de perturbações mentais e reconhecer seu aspecto patológico se elas forem consideradas sociologicamente

(16) Convém aqui ressaltar claramente que é a realidade desse movimento incessante de vaivém entre o que chamamos de louco e de não-louco, de um lado, e de primitivo e de homem da modernidade, de outro, que é absolutamente alicerçador das próprias condições de possibilidade dos respectivos procedimentos da psicanálise e da etnologia.

normais pela população de onde o prático é originário. Assim, a obsessão patológica pela propriedade, porque muito difundida na Índia e principalmente na casta dos brâmanes, jamais pôde ser descrita e menos ainda analisada pelos psiquiatras hindus, que não tinham podido identificar, até anos recentes, seu caráter no entanto mórbido.

2. O que agora gostaríamos de mostrar é que analisar, mesmo o mais rigorosamente possível, o mesmo fenômeno, porém munido de um procedimento exclusivo (o procedimento psiquiátrico ou o procedimento etnológico), funcionando na autarcia e na estanquidade, é não apenas *reduzir* mas *destruir* o objeto que nos havíamos proposto estudar, enquanto se trata de construí-lo, identificando pontos de articulação entre seus aspectos psicopatológicos e seus aspectos socioculturais.

a) Um exemplo nos permitirá ilustrar o processo de redução epistemológica. É o fenômeno da possessão pela mordida imaginária da tarântula no sul da Itália e o ritual terapêutico do exorcismo pela dança da tarantela que a ela responde (cf. E. de Martino, 1967 e F. Laplantine, 1975). O etnólogo que visse nesse fenômeno apenas a compensação social reacional à miséria e ao subdesenvolvimento econômico do sul da Itália estaria fazendo das ciências sociais, nem mais nem menos, o fundamento das ciências psicológicas. É exatamente para evitar esse obstáculo epistemológico, a nosso ver primordial, que ele tem de recorrer ao psiquiatra, ao psicólogo ou ao psicanalista. Em outras palavras, o objeto etnológico construído pelo pesquisador não esgotaria, longe disso, todas as significações estreitamente entremeadas que transbordam de um fenômeno como esse. A pesquisa sociológica levada até o fim deixa, num certo momento, de ser pertinente, ou, como diz Devereux, "rentável", e o pesquisador tem de voltar ao próprio fenômeno e ceder a palavra ao procedimento complementar das ciências psicológicas. Mas, reciprocamente, se o psiquiatra estiver convicto de que a mordida sazonal da aranha mítica por ser explicada *somente* pela reatualização do sadismo oral da criança e pela projeção em massa dos conflitos permanecidos sem solução, que "mordem" e "remordem" as mulheres no verão, estará fazendo das ciências psicológicas o fundamento das ciências sociais. Ora, a etnopsiquiatria nos permite exatamente medir a que ponto a psiquiatrização a perder de vista do fenômeno estudado é apenas o corolário, da mesma forma absurdo, do "golpe" de mesma natureza que consiste na sociologização sistemática de sua dimensão psicológica e psiquiátrica.

Enfim, o que o psiquiatra e o etnólogo que trabalham juntos sobre o *mesmo* fenômeno consideram como relevante, o primeiro, da nosologia e, o segundo, da etnologia jamais é um fato bruto, mas um objeto construído, isto é, uma série de interpretações diferenciadas cujas respectivas pertinências convém articular e que vêm sempre depois das interpretações dos próprios interessados, sem poder jamais a elas substituir.

A ignorância desse princípio de complementaridade epistemológica conduz seja à compartimentação entre as disciplinas, seja à sua mistura, que são dois meios de extraviar-se quando se aspira a um modo de conhecimento científico que, contrariamente ao conhecimento religioso, só pode ser, repetimo-lo, limitado, aproximado e provisório.

b) Mas convém ir mais longe ainda na compreensão dos perigos apresentados por uma investigação que seria unicamente psiquiátrica ou unicamente sociológica. Se estou estudando, por exemplo, uma cerimônia de possessão ritual, vendo apenas a "sociedade" dos possuídos invadida por gênios, deuses ou ancestrais, acabo por abolir o desejo, a afetividade, a agressividade, o erotismo dos indivíduos que a compõem. E circunstâncias extremas, não mais estarei estudando seres vivos, mas uma abstração. Assim, ultrapassado o limiar da inteligibilidade, uma etnologia ou uma psiquiatria, que também não seria etnopsiquiatria, acabariam, segundo expressão de G. Devereux, por "abolir" o fenômeno de que inicialmente estavam procurando dar contas e que não pode ser, por razões epistemológicas maiores, achatado a uma única de suas dimensões.

O objeto científico da etnopsiquiatria resulta, pois, de uma escolha teórica. Não tem a pretensão de justificar a totalidade empírica (em seus aspectos, por exemplo, econômico, político, jurídico), nem mesmo a pretensão de coincidir perfeitamente com os aspectos culturais e patológicos dos fenômenos estudados, mas de dotar-se de instrumentos tão rigorosos quanto possível para explorar as significações que brotam toda vez que, num fenômeno humano, o par do normal e do patológico cruza com a cultura.

Não sendo de tipo aditiva e sintética, como as diferentes dosagens de freud-marxismo que fizeram furor nos anos sessenta-setenta, o procedimento da etnopsiquiatria é muito mais modesto. Ela procura articular uma dupla problemática (a da normalidade psicológica dos indivíduos e a do funcionamento e da disfunção cultural das sociedades), e não fundi-las em uma única.

TERCEIRA PARTE

INSTRUMENTOS OPERATÓRIOS DO PROCEDIMENTO ETNOPSIQUIÁTRICO

Terminada a apresentação geral da etnopsiquiatria, é necessário precisar, agora, quais são os principais instrumentos operatórios que ela utiliza: certo número de *conceitos* (de cultura, de aculturação patogênica, de transculturação, de desculturação neurótica, desculturação psicótica, de neurose cultural, psicose cultural, psicopatia cultural), assim como certo número de critérios concernentes principalmente ao normal e ao patológico.

1. CONCEITO DE CULTURA. A DUPLA UNIVERSALIDADE DA CULTURA E DO PSIQUISMO. O MOVIMENTO DE VAIVÉM ENTRE O MANIFESTADO E O REPRIMIDO

O conceito de cultura, e mais exatamente de universalidade da cultura em sua relação com a diversidade das culturas, é epistemologicamente criador do próprio procedimento da etnopsiquiatria. É a sua própria condição de possibilidade, pois, assim como sabemos (principalmente a partir de Freud) que a compreensão da personalidade de um indivíduo não se esgota, longe disso, pelo conhecimento do que ele está vivenciando e do que diz, mas consiste em relacionar o que afirma de si mesmo e o que lhe escapa (seu inconsciente), uma dada cultura, para se tornar verdadeiro objeto de conhecimento científico da etnologia e da etnopsiquiatria, não poderia ser unicamente apreendida em seus aspectos manifestados, mas também nas camadas de si mesma que ela reprime, nega, penaliza e que lhe escapam.

Retomemos, nessa perspectiva, um exemplo ao qual já recorremos anteriormente. Nossos sistemas de representações dominantes em matéria de doença mental são, atualmente, no Ocidente, muitíssimo "exorcísticos": a doença é considerada por nossa medicina como um mal a ser esmagado, e seus sintomas, como uma calamidade a ser estrangulada. Isso traça as representações bem conhecidas entre nós do doente vítima e do médico exorcista. Mas as representações inversas, que se denominam "adorcísticas" e que correspondem às figuras do médico louco e do paciente oráculo, não estão todavia ausentes. Elas são simplesmente *reprimidas* e tornam-se manifestas se passarmos de uma cultura para outra (dos exorcistas *tonga* de Moçambique aos xamãs *songhay* da Nigéria) ou de uma cultura para ela mesma no tempo (de nossa psiquiatria clássica à corrente que se qualificou a si mesma de "antipsiquiatria", que não produziu, falando rigorosamente, nada de novo, mas antes reatualizou uma tendência muitíssimo reprimida em nós).

Em outras palavras, o que varia, quando passamos de uma sociedade a outra, não são absolutamente os materiais culturais utilizados — estes são rigorosamente os mesmos na Patagônia e no Japão, em Madagáscar e no Canadá —, mas a maneira pela qual se organizam. E, da mesma forma, a grande diversidade das formações psicológicas — de um indivíduo para outro e também de nós para nós mesmos no tempo — não deve nos dissimular a unidade fundamental do psiquismo humano[1]. Os

---

(1) Sobre a universalidade do psiquismo, cf. G. Devereux, 1970; T. Nathan, 1986.

processos de transmissão da cultura não consistem unicamente na aquisição pedagógica de conteúdos materiais, mas também na interiorização de modelos de conduta que nos indicam desde nossa mais tenra infância o que convém exprimir e o que convém reprimir. Mas, daí a apresentar a hipótese de uma sociogênese do aparelho psíquico, há, nas próprias bases da investigação etnológica e da exploração clínica, um degrau que não poderia ser galgado. Como mostrou Devereux em toda a sua obra, o psiquismo não é um produto secretado pela cultura local na qual fomos criados, o indivíduo não é um boneco, um autômato cujos sonhos e fantasias a sociedade poderia manipular. Qualquer que seja a sociedade na qual nasce e cresce, e isso até mesmo nas mais "tradicionais" (ou as mais totalitárias), pode dar provas de desobediência, de insolência, de riso, de distanciamento crítico em relação aos modelos que sua própria cultura tende a lhe impor. É o dogmatismo do culturalismo ou do sociologismo, com seus pressupostos sobre uma suposta ontologia do "primitivo", que nos impedem de realizar as capacidades de ceticismo e, sobretudo, de *resistência* do indivíduo, em particular diante do que chamamos (F. Laplantine, 1973, 1986) de um excesso de cultura.

Finalmente, convém mostrar a existência de uma verdadeira homologia estrutural do psiquismo e da cultura. Um não poderia ser considerado como derivado da outra, pois ambos são, segundo expressão de Georges Devereux, "co-emergentes". É impossível conceber uma cultura que não fosse vivenciada por um psiquismo (a primeira não existe em lugar nenhum a não ser no segundo). E, reciprocamente, é impossível pensar a própria formação da personalidade, isto é, os processos de aquisição cognitivos e afetivos, independentemente da cultura. Em outros termos, os mecanismos psíquicos nada mais são do que a face "interna" de processos culturais que podem ser, desse ponto de vista, qualificados de "externos". O psicológico é o "de dentro" da cultura, enquanto a cultura é o "de fora" do psiquismo. Mas, o "de fora" nos remete sempre ao "de dentro", e vice-versa. O psicólogo e o etnólogo não trabalham com objetos distintos, mas a partir de pontos de vista diferentes com um objeto rigorosamente idêntico. Observemos aqui que, se isso fosse diferente, se as sociedades fossem radicalmente heterogêneas, umas em relação às outras, condicionando de parte a parte formações psíquicas sem medida comum entre si, dois indivíduos pertencentes a duas culturas diferentes (o terapeuta parisiense e seu paciente magrebino, o etnólogo francês e seu interlocutor africano) não teriam jamais a possibilidade de compreender-se.

Tocamos aqui verdadeiramente na causa incontornável do procedimento etnopsiquiátrico, que só pode se constituir por um ato de ruptura total entre as ideologias, aparentemente rivais, mas na verdade complementares, do psicologismo e do sociologismo. A etnopsiquiatria só atinge verdadeiramente sua maioridade ao afirmar-se como exploração psicológica em profundidade de material cultural tanto manifesto quanto reprimido e de produções de um inconsciente idêntico por toda parte[2] e também plenamente antropológico (o estudo dos processos universais de humanização do homem pela cultura, que é conveniente distinguir da simples etnização, ou processos de aquisição dessa ou daquela cultura regional).

Esse pressuposto teórico — o que é mostrado numa sociedade jamais deve dissimular a *presença* do que está escondido — parece tão importante para a compreensão da prática que estamos apresentando que nos interromperemos agora para tomar o exemplo de uma sociedade global: a do Brasil contemporâneo.

Uma das características da sociedade brasileira é sua tendência cosmopolita e universalista. Contrariamente às sociedades que, como a nossa, têm antes uma tendência a desconfiar das diferenças e dos contatos entre as culturas, no Brasil, tudo o que chega de uma sociedade estrangeira goza antes de um preconceito favorável. A multiplicidade é não apenas aceita, mas reivindicada, e a mistura (do real e do imaginário, do sagrado e do profano, da população branca e da não-branca) é exaltada.

---

(2) Isso permite a Tobie Nathan (1986), em continuação a Devereux, afirmar que a "etnopsiquiatria só pode ser psicanalítica". Fazemos, pessoalmente, algumas reservas a essa posição, pois acreditamos que a epistemologia da complementaridade etnopsiquiátrica não é o único modelo complexo ao qual pode recorrer a etnopsiquiatria. Ela pode, principalmente, apoiar-se num modelo estrutural ou sistêmico.

Em resumo, o que desponta como característica da brasilidade é uma capacidade (totalmente impensável na sociedade francesa) de integrar num modo quase antropofágico[3] tudo o que vem do exterior, porque essa pluralidade é constitutiva da sociedade brasileira no que ela tem de único.

Outra característica dessa sociedade é ser calorosa, afável, pouco inclinada à competição: uma cultura do afeto, do afetivo e da afetividade que se exprime na vida cotidiana pela sensualidade, pela meiguice, pelo caráter francamente efusivo das relações humanas e que culmina nas grandes manifestações rituais de integração e de solidariedade nacional de grande intensidade emocional que são o futebol e o Carnaval. Esse prazer de estar junto e de demonstrá-lo, não intelectualmente, mas sensorialmente, através do corpo e do coração, não é apenas superficial ou exterior dos aspectos que o observador estrangeiro percebe num primeiro contato (o futebol, a praia, o samba, a caipirinha, a beleza das mulheres brasileiras, o Carnaval, a mestiçagem biológica e cultural), aquele que os brasileiros gostam de apresentar a seus convidados europeus. É assim que os próprios brasileiros, de dentro e *para si mesmos*, apreendem a brasilidade.

Ora, existe no Brasil uma série de comportamentos que constituem a própria negação dessa "cordialidade", no sentido de Sérgio Buarque de Holanda (1936), que, das cerimônias religiosas à literatura, passando pelo Carnaval, comanda a imagem que os brasileiros gostam de ter de si mesmos e de mostrar aos outros. Poderíamos tomar o exemplo do racismo, muito mais complexo e sutil do que possa ser, por exemplo, o racismo americano. Salientaremos aqui apenas a utilização de uma frase ritual para a qual Roberto da Matta (1983) teve o mérito de chamar nossa atenção. Essa frase é: "Você sabe com quem está falando?", e pode ter uma variante tal como: "Quem o senhor acha que é para me falar assim?".

Tendo como finalidade separar, de maneira radical e autoritária, dois interlocutores, é empregada para fazer saber ao outro que se é uma pessoa privilegiada toda vez que se é ameaçado de

---

(3) Referimo-nos à corrente literária e cultural de mesmo nome.

ser diminuído a uma situação de anonimato (por exemplo, numa batida policial, na fila de espera de um banco, num guichê do correio, num serviço hospitalar). O "Sabe com quem está falando?" age como uma brutal revocação da ordem em uma cultura que privilegia certa forma de desordem, uma revocação da distinção e da diferenciação social num país que privilegia os valores de fraternidade (e mesmo de associação), uma revocação enfim da realidade (*a dura realidade da vida*) em uma sociedade em que a *fantasia* (que em português significa tanto imaginação quanto disfarce) tem lugar dominante. Em resumo, essa expressão — de suspensão sem apelo à relação igualitária e simétrica — age numa cultura que, em seus aspectos manifestados, privilegia a integração e a inclusão como um duro retorno ao que particulariza e exclui.

Parece-nos importante evidenciar aqui, para compreender a natureza desse jogo alternado entre o manifesto e o reprimido, que essa expressão (que é da natureza de um "modelo de inconduta" no sentido de Linton) é, no Brasil, absolutamente conhecida por todos, mas não é absolutamente reconhecida como pertinente numa definição da brasilidade não apenas pelos outros, mas entre si. Em outras palavras, ao mesmo tempo que é utilizada ritualmente, continua a ser vivenciada como uma ameaça à idealização que os brasileiros fazem de si mesmos e de que têm tendência a reter como propriamente brasileiros apenas os aspectos mais informais, mais abertos e mais "cordiais" de sua cultura.

A prova de que nos encontramos em presença de um rito que a sociedade julga indesejável apresentar aos outros e a si mesma, isto é, uma manifestação rejeitada no exterior tanto de sistemas de representação quanto de auto-representação da identidade brasileira, é que a ela não se referem diante de estrangeiros, diante de crianças e nas produções culturais tanto populares quanto eruditas. Mas, apesar do caráter perfeitamente *inconfessável* desse segmento da cultura, todos os seus membros (e não apenas nas classes sociais elevadas) sabem que poderão a ela recorrer em situações de crise ou de dificuldade em que sua personalidade possa estar em perigo.

No decorrer de uma estada nos Estados Unidos, observamos que, do caráter extremamente formal, rígido e fragmentado das trocas, surge uma informalidade que possibilita compensar a rigidez de um sistema hiperorganizado. Ao passo que, no Brasil, é rigorosamente o inverso: do caráter extremamente informal das relações humanas surge um violento formalismo que permite reequilibrar o sistema e relembrar os limites da festa brasileira.

Esse exemplo nos permite verificar a que ponto reter apenas um único aspecto de uma cultura (ainda que largamente dominante e que abranja o conjunto do campo social) não basta para aceder à sua realidade. Ele nos permite compreender por que, para o etnólogo que se recusa a fechar-se na ideologia culturalista — baseada na ilusão perceptiva e afetiva da "especificidade irredutível" das culturas e, no fundo, da incomunicabilidade dos discursos —, qualquer que seja a conduta observável "nos outros" é suscetível de agir como revelador de comportamentos culturais cuidadosamente ocultados "entre nós", mas que podem, entretanto, reaparecer em situações de crise social nas quais o indivíduo pode então recorrer a defesas reprimidas por sua sociedade. Citemos, a título de exemplo, a presença de pulsões antropofágicas entre as mães européias (Devereux, 1970, pp. 143-161) e, a título de passagem ao ato realizado, a reaparição do totemismo em certas unidades do Exército americano em 1917 (R. Linton, 1924) ou ainda a ressurgência de condutas de irracionalismo religioso nos próprios poros do racionalismo social do Ocidente do final do século XX.

É porque o conjunto do material etnográfico, recolhido em milhares de sociedades diferentes e que constitui os dados elementares da vida social, está presente em estado latente, mas sempre como um "capital comum" (Lévi-Strauss) no qual os grupos sociais se abastecem para elaborar suas experiências, que é possível afirmar com Devereux que o inconsciente de uma cultura pode ser identificado no consciente de uma outra cultura.

2. CONCEITO DE DESCULTURAÇÃO. DESCULTURAÇÃO NEURÓTICA E DESCULTURAÇÃO PSICÓTICA

O conceito de desculturação possibilita dar conta do processo que consiste em destacar o material de cultura de sua matriz que lhe dava um sentido para metamorfoseá-lo em sintomas. É um processo de desinvestimento social não apenas da cultura à qual pertencemos, mas de qualquer cultura, e que tem como corolário um empobrecimento da personalidade e um sofrimento do indivíduo. A desculturação[4] deve ser relacionada com a *aculturação*, isto é, com a situação na qual uma cultura dominante impõe seu sistema de valores e de comportamentos a uma cultura dominada[5].

Um dos mais gigantescos empreendimentos da desculturação de toda a história foi, incontestavelmente, a deportação de milhões de negros para a América do século XVI ao século XIX. Consideradas como gado humano, as diferentes populações que foram arrancadas da África não chegam por etnias, porque os negreiros não compram por lotes, mas selecionam os mais belos garanhões e as mais belas fêmeas já nos portos africanos de embarcação. Depois, essa seleção é fragmentada uma segunda vez na chegada, quando os compradores escolhem, separando freqüentemente maridos, esposas e filhos. Assim, o tráfico negro quebra radicalmente as formas de organização tradicional do clã, desintegra as civilizações, mistura indivíduos originários de sociedades diferentes. Além disso, nesse empreendimento de desmantelamento sistemático, poupa apenas os jovens, isto é, os que não são depositários do patrimônio cultual e da tradição. Enfim, assim que os negros se instalam na América, qualquer diferenciação (pelo vestuário, pela cozinha, pelo hábitat, pela religião) é proibida. Isso provoca grande número de suicídios (em particular pela ingestão de terra) e também uma

---

(4) Cf. Devereux, 1970, 1972; F. Laplantine, 1973, 1975.
(5) Cf. a obra de Franz Fanon (em particular 1968), um dos primeiros psiquiatras que estudou as perturbações mentais provocadas pela colonização — que é outro nome da aculturação. Pessoalmente, consideramos injusto que sua obra jamais tenha sido citada nas obras da etnopsiquiatria.

multiplicidade de formas de resistência — que agora é conveniente qualificar de *respostas contra-aculturativas* — das quais as mais célebres foram os *quilombos* no Brasil, isto é, estados constituídos por escravos insurgidos e dentre os quais alguns vão enfrentar o Exército português durante um século.

A aculturação patogênica se produz principalmente quando duas culturas distintas entrecruzam duas séries de estimulações contraditórias, quando o indivíduo é literalmente pego por tenazes por todos os lados, rejeitado não apenas pela cultura de recepção mas por sua própria cultura[6], ou quando as defesas ensinadas pela cultura na qual foi educado não têm mais nenhuma utilidade num outro meio. O indivíduo recusa sua própria sociedade sem, no entanto, chegar a interiorizar os valores da outra sociedade. Os casos dessa natureza são, em particular, mais freqüentes entre os negros africanos ou árabes muçulmanos, que não estão, de forma alguma, preparados para enfrentar a situação da imigração européia e que dificilmente podem permanecer africanos e tornar-se europeus. Estudamos pessoalmente uma situação desse tipo, levada ao extremo, na ilha de Djerba (Tunísia), onde a cultura de origem imposta às jovens que vão se casar é tornarem-se tão gordas quanto possível e terem a pele mais clara possível, enquanto, próximo a elas, se desenvolve o espetáculo, às vezes infinitamente cobiçado, de européias cujo ideal corporal é a magreza e o bronzeado (cf. F. Laplantine, 1981).

A desculturação pode conduzir o indivíduo até o desinvestimento total de sua própria cultura, como no caso de uma jovem berbere que foi nossa aluna no Médio-Atlas e que chegou até a imitar nossas próprias defesas, recorrendo ao suicídio, praticamente desconhecido nas sociedades árabes muçulmanas.

---

(6) Uma situação particularmente desconfortável é a dos porto-riquenhos com quem estivemos em Nova York. Qualificados de *spicks* (diminutivo de *hispanics*) pelos nova-iorquinos de origem anglo-saxônica e também africana, porque falam espanhol, e de "americano" pelos outros "latinos", são freqüentemente considerados com desprezo e, se voltam a Porto Rico, são qualificados de *puerto-new-yorqueno*.

Proporemos, seguindo G. Devereux, introduzir aqui os conceitos de desculturação neurótica e de desculturação psicótica.

1. Três exemplos nos permitirão compreender os mecanismos da *desculturação neurótica.*

Sabemos que o analisado, no decorrer da sua psicanálise, tem tendência a acusar seu terapeuta por comportamentos sedutores em relação a ele. Atribui assim uma distorção afetiva, leve e passageira, à realidade, reinterpretando e deformando o material cultural.

O segundo exemplo diz respeito ao que já se chamou de "neurose de limpeza" entre as donas de casa suíço-alemãs, que, da manhã à noite, varrem, escovam, lustram, mesmo que suas casas estejam perfeitamente limpas e mesmo que lhes seja proposto auxílio para facilitar essa tarefa. Com a casa não sendo mais considerada pelo que representa — um meio a serviço de um fim —, mas se tornando um valor em si, justificativa de uma atividade de repetição disfuncional, o indivíduo, por um processo de desculturação neurótica, atribui, em função de seus desejos reprimidos, uma distorção perceptiva à realidade.

O terceiro exemplo diz respeito a certa utilização que pode ser feita da festa de Natal. Quando a impulsão mítica por meio da qual esse rito ganhava — e *dava* — antigamente um sentido não é mais capaz de assegurar sua função simbólica de comunicação social e de celebração religiosa, o Natal é então arrancado de sua textura semântica e convertido em sintoma neurótico (principalmente sádico-anal pela troca de presentes e de afeição). Continuando a existir, mas numa enorme deterioração mítica e por repetição anacrônica de um acontecimento sacro no qual não mais se acredita, assistimos à redução da repetição ritual em repetição da neurose obsessiva.

Este último exemplo permite compreender uma dimensão a nosso ver capital do conceito de desculturação como doença da função simbólica, isto é, como processo de desimbolização que leva os indivíduos a elaborar rituais esvaziados de qualquer significação e que pode levar, em casos extremos, as sociedades a minar os próprios fundamentos de sua existência, como veremos mais adiante no caso dos cultos de cargueiro e da seita do Templo do Povo.

2. É agora que convém introduzir o conceito de *desculturação psicótica* da cultura, que não mais consiste em atribuir à realidade mera distorção perceptiva, mas que pode ir até a negação absoluta do mundo exterior e de um sistema simbólico comum no qual o indivíduo se recusa a inserir-se ou que não mais consegue partilhar. Desculturar psicoticamente o material de cultura de que nos abastecemos para nos comunicar entre nós é transformar os símbolos em sinais, isto é, desimbolizar e desumanizar a relação humana.

Esse nível da desculturação pode tanto ser muito bem identificado no gênero político-literário conhecido com o nome de utopia (assim como nos sistemas hiperpoliciais e burocráticos que dela se originaram) quanto no quadro sintomatológico da esquizofrenia, a tal ponto que despontou como epistemologicamente lícito propor uma interpretação etnopsiquiátrica do duplo fenômeno em questão, tanto em termos de estrutura esquizofrênica das utopias (se nos colocarmos do ponto de vista psiquiátrico) quanto de estrutura utópica dos esquizofrênicos (se nos colocarmos do ponto de vista etnológico) (F. Laplantine, 1974).

Com efeito, a desculturação esquizofrênica pode exprimir-se principalmente:
- no nível do indivíduo: pelo caráter "frio", não-afetivo e estereotipado das condutas, pela excrescência monstruosa do pensamento em relação à afetividade, pelo bloqueio delirante da temporalização e a negação alucinatória da morte;
- no nível social: pela recusa da história, pela excrescência da organização em relação à própria vida, pela lógica de uma sociedade hiperplanificada, perfeita, organizada sem profundidade e negando por decreto a ambivalência do simbólico em proveito de um sistema fechado.

Enfim, esse processo de desculturação psicótica — ou processo de redução semiológica dos símbolos — atinge incontestavelmente um de seus pináculos na organização dos campos de concentração nazistas, onde os indivíduos são estimulados a perder um a um todos os traços culturais que os constituem como seres humanos.

3. CONCEITO DE TRANSCULTURAÇÃO

A transculturação consiste na reciprocidade das trocas entre as culturas, principalmente nos processos através dos quais uma cultura que se impõe como dominante se deixa pouco a pouco transformar numa cultura considerada como dominada ou que tem de ser dominada. Ainda mais uma vez o caso do Brasil reterá nossa atenção, porque ele nos permite captar, em seu mais alto grau, esses mecanismos.

Relembremos, rapidamente, que, contrariamente aos colonizadores ingleses e franceses, os portugueses não apresentavam nenhum tabu acerca das relações sexuais com as mulheres indígenas e africanas. Ao contrário, como mostrou Gilberto Freyre (1974), foi sob o signo da sexualidade que se desenvolveram as relações entre os senhores portugueses e os escravos africanos. A criança branca era educada junto aos negrinhos que tanto eram seus companheiros de brincadeiras quanto seus bodes expiatórios, e foi à mulher negra que ele deveu a mais importante parcela de suas relações íntimas. Inicialmente como ama-de-leite que o amamentou e o acariciou ao ritmo dos cantos e acalantos africanos. Em seguida, como amante que o iniciou no amor físico e lhe deu suas primeiras emoções eróticas. Finalmente, em seu declínio, quando sua virilidade se encontrou abatida, foi à magia dos negros — a "magia negra" — que freqüentemente recorreu de bom grado.

Assim, paralelamente ao processo de desafricanização dos africanos escravizados, bem cedo, na história da formação da sociedade brasileira, se efetua um processo de africanização dos imigrados europeus. O observador estrangeiro não tem, atualmente, nenhuma dificuldade para perceber os resultados desse processo. Ele emerge tanto na cozinha, na música e na dança (o samba, por exemplo) como na maneira de falar, de andar, de reagir com mímicas expressivas, nos aspectos alegres, festivos, sensuais, loquazes, extrovertidos, exuberantes da personalidade brasileira (que recorre a uma repressão menor do que entre os franceses), no caráter intenso de suas grandes reuniões comunitárias, que são o Carnaval, o futebol e as cerimônias de transe religioso. Sobre esse último ponto, destaquemos que, como pessoalmente observamos no Rio e em São Paulo, numerosos descendentes de europeus (franceses e alemães, por exemplo) ou de asiáticos (japoneses) participam do candomblé, que constituem uma das mais fortes afirmações da fidelidade à memória africana. Alguns deles ocupam até mesmo eminente posição na hierarquia sacerdotal, contribuindo assim para a transmissão da tradição africana. Pois, no Brasil, pode-se ser de cor branca e de cultura negra. "Sou africano", escreve Roger Bastide, "na medida em que fui aceito por uma dessas seitas religiosas, em que fui por ela considerado como um irmão perante a lei, com os mesmos deveres e os mesmos privilégios que os outros"[7].

Porém, convém ir um pouco mais longe ainda na compreensão desses complexos mecanismos de transculturação, que têm de considerar sempre as situações sociais nas quais se efetuam os contatos entre as culturas em presença. Mais uma vez, o encontro da africanidade e da europeidade, ou melhor, das africanidades e das europeidades, não consiste em uma interiorização de uma cultura da qual não somos originários, mas em uma interpretação a tal ponto que, no adaptar-se às novas condições de vida, os grupos de civilização em presença se misturam, transformando-se tanto que não mais os reconhecemos. Assim é que, na maioria dos casos, é inútil tentar identificar atualmente, no Brasil, "africanismos", "europeísmos" ou "indianismos". Não conseguiríamos, por exemplo, falar de "elementos africanos" que teriam sido "enxertados" numa "estrutura" constituída, pois, fora das etnias pré-colombianas, cujo impacto não é absolutamente dominante na formação da sociedade brasileira contemporânea, não existe cultura cuja origem seja, como na Europa, greco-latina ou anglo-saxônica. Em resumo, o cadinho brasileiro, pelas particularidades de sua história, pelo peso e pelas características dos diferentes grupos em contato, efetua uma

---

(7) R. Bastide, *Les religions africaines du Brésil*, Paris, PUF, 1960, pp. 37-38.

transmutação de elementos respectivos que se encontram sucessivamente. Ele engendra formas de cultura propriamente americanas e cria uma figura específica dessa americanidade tropical: a "brasilidade".

Esse exemplo permite evidenciar a que ponto o intercultural é constitutivo do cultural, e isso até mesmo nas sociedades que, como a nossa, predispõem os membros que a compõem a antes desconfiar das relações entre as culturas, das relações com os estrangeiros. Ora, da mesma forma que numa imagem clássica que tem tendência a acentuar o caráter anormal da mudança social e das mutações culturais, a etnopsiquiatria clássica tende a privilegiar uma compreensão negativa dos processos de aculturação. Essa é a razão pela qual, numa obra de introdução como esta, convém relembrar que as situações de interação cultural são características da própria cultura e que, ao lado da patologia da aculturação, isto é, da aculturação que fracassa (cf. T. Ben Jelloun, 1977), também existe uma aculturação que dá certo (cf., por exemplo, A. Chaouite, 1985).

A exclusiva identificação com uma única cultura está, com efeito, longe de ter só vantagens. Ela consiste em uma amputação de si mesmo, privando o indivíduo das potencialidades inexploradas de si mesmo[8] e torna, no que nos diz respeito aqui, um empreendimento como o da etnopsiquiatria rigorosamente impossível. Enfim, convém insistir no fato de que nossa disciplina está longe de reduzir-se ao estudo das margens disfuncionais do social e das perturbações psicológicas do indivíduo em relação a elas. Como claramente es-

(8) "A criança é um ser múltiplo, rico de possibilidades, mas, à medida que cresce, se empobrece, se despoja de todos os 'eus' que poderia ter sido para se mumificar numa atitude esclerosada. Entretanto, todas as possibilidades descartadas persistem no inconsciente e, freqüentemente, gostaríamos de assumi-las para representar outra pessoa. O homem é um ator condenado a um único papel e que procura, através das fugas, das viagens e das guerras, escapar da tirania da túnica de Nesso que a sociedade colou em sua pele", Roger Bastide, *Images du nordeste mystique en noir et blanc*, Paris, Pandora, 1978, p. 78.

creve Georges Devereux: "O conceito de base da etnopsiquiatria tem de ser não o de patologia, mas o de sublimação"[9].

4. PSICOTERAPIA INTRACULTURAL, PSICOTERAPIA TRANSCULTURAL, PSICOTERAPIA METACULTURAL

A partir do momento em que nos dotamos dos instrumentos que acabam de ser examinados é que podemos tentar compreender a eficácia propriamente operatória tanto da pesquisa quanto da terapia etnopsiquiátrica. Porém, convém aqui introduzir as seguintes distinções. A etnopsiquiatria clínica pode confrontar com três tipos de situação e pode utilizar três tipos de procedimento:
- situações que Tobie Nathan (1986) qualifica de *intraculturais*. O terapeuta e seu cliente pertencem à mesma cultura (o psiquiatra é francês e o paciente também, ou ainda um brasileiro se dirige a um pai ou mãe-de-santo (F. Laplantine, 1987)). Uma psicoterapia de inspiração etnopsiquiátrica supõe que o terapeuta saiba utilizar, tanto para estabelecer um diagnóstico quanto para decidir um tratamento, a cultura que partilha com seu interlocutor;
- situações que podem ser qualificadas de transculturais (G. Devereux, 1970) ou de interculturais (T. Nathan, 1986). O terapeuta e seu cliente não pertencem à mesma cultura (um psicanalista francês ocupando-se de um paciente magrebino ou um europeu recorrendo a um terapeuta magrebino). Nesse caso, uma psicoterapia de inspiração etnopsiquiátrica exige que o terapeuta conheça e utilize, como instrumento do tratamento, a cultura de seu interlocutor;
- enfim, e é principalmente sobre este último ponto que vamos insistir, situações que são mais exatamente uma exploração *metacultural* dos processos decididos entre o terapeuta e seu cliente. Que o primeiro pertença ou não à cultura do segundo, ele percebe que o material cultural, que lhe é fornecido através dos encontros que mantém com o

(9) G. Devereux, *Etnopsychiatrica*, 1978, I, 1, p. 10.

segundo e também através da comunicação não-verbal travada (cf. F. Laplantine, 1985, pp. 129-188) é em si mesmo de desprezível recorrência para estabelecer um diagnóstico e decidir uma terapia. E é neste caso que pode intervir a *psiquiatria metacultural*. Esta — que Devereux assim designa para distingui-la da psiquiatria transcultural — consiste em interpretar e tratar as perturbações mentais não em função dos conteúdos particulares dessa ou daquela cultura regional, mas em função das categorias universais *da cultura* e em função dos processos também universais da aculturação e da desculturação.

A dificuldade que se encontra neste caso vem do fato de que o relativismo cultural de diversos etnólogos junta-se paradoxalmente ao dogmatismo de muitos psiquiatras. Os primeiros, parecendo ignorar a universalidade dos grandes quadros psicopatológicos, acham que, a partir do momento em que o patológico se torna instituído e partilhado por uma maioria de indivíduos numa dada sociedade, torna-se absolutamente "normal": "lá", as condutas histéricas, porque freqüentes, seriam "normais", mas "aqui", como são raras, seriam "anormais"! Quanto à psiquiatria clássica, ela tem tendência a pensar que, se os indivíduos de uma sociedade podem tornar-se doentes, as sociedades são sempre normais.

Uma compreensão *metacultural*, tanto da etiologia e do diagnóstico quanto do tratamento, encontra seu fundamento na metodologia das correspondências esboçada por Freud, aprofundada por Róheim (cf. anteriormente) e explicitadas por Devereux: existem precisas correspondências entre tal *formação psicológica* ou *psicopatológica*, apreendida a partir de vigilante escuta do discurso privado e, freqüentemente, mesmo confidencial de um indivíduo, e tal *formação cultural* (mito, conto, rito, costume) originária de uma sociedade desconhecida daquela em que o sintoma se manifesta.

A idéia, por exemplo, de que a doença é uma "coisa", um objeto penetrado no corpo por arrombamento e que é preciso tentar expulsar, é expressa por muitos romancistas ocidentais — Tolstói, Rilke, Céline, Marie Cardinal — que estudamos (Laplantine, 1986). Mas, pessoalmente, encontramos a representação rigorosamente idêntica — uma patologia da adjunção à qual tem de corresponder uma terapia de extirpação — em práticas culturais de cura em região baulê (Laplantine,

1976, 1978). A idéia de que o mal tem de ser tratado pelo mal, de que convém, para curar, reativar a ferida, não de esquecer, mas de lembrar-se, está no cerne da poética baudelairiana ou da estética proustiana (Laplantine, 1986). Mas essa idéia, forjada no cadinho da subjetividade do artista, tem sua exata correspondência nas práticas da homeopatia e da psicanálise. Enfim, e este é o último exemplo que aqui daremos, o medo expressado por certo número de doentes europeus de que, através de seus orifícios naturais, o indivíduo possa esvaziar-se de sua substância (temor, por exemplo, dos sangramentos de nariz, dos sangramentos vaginais) é uma crença coletiva bem arraigada na cultura do Nordeste do Brasil: a do *corpo aberto* à qual responde a prática que consiste em *fechar o corpo*. Em outras palavras, não há *manifestação psicológica* ou *psicopatológica* que não tenha sua correspondência em um *conteúdo cultural* que pode ser identificado numa época histórica ou numa área geográfica extremamente distante da sociedade em que o sintoma aparece. E, reciprocamente, não há campo etnográfico de fenômeno *cultual* que não tenha sua correspondência na desordem *psicológica* característica de um único indivíduo vivendo numa cultura totalmente estranha àquela em que se produz ou se produziu o fenômeno em questão[10].

Assim, para a etnopsiquiatria, recorrer à cultura para tratar do psiquismo não é apenas levar em conta e utilizar como instrumento terapêutico o ambiente cultual do doente (este procedimento é o da psiquiatria social ou da sociopsiquiatria). É recorrer a categorias culturais que, aparentemente e apenas aparentemente, podem ser totalmente estranhas àquele a quem procuramos compreender e cujo sintoma procuramos tratar.

(10) Precisemos aqui que o fato de identificar estruturas homólogas entre tal formação psicológica (por exemplo, fantasmas antropofágicos) e tal fenômeno cultual (por exemplo, a antropofagia ritual entre os índios da América) não deve levar o etnopsiquiatra a postular identidades, nem a proceder reduções (em particular, dos processos psicopatológicos aos materiais cultuais). Assim, se entre os baulês, o acesso delirante é *homogêneo* à cultura que o favorece e a partir da qual ele se constrói, ele lhe é heterogêneo na lógica de seu processo e de sua economia (cf. F. Laplantine, 1976, 1978).

5. CRITÉRIOS ETNOPSIQUIÁTRICOS DO NORMAL E DO PATOLÓGICO

Antes de nos voltarmos para um conhecimento aproximado daquilo que é, sem dúvida, uma das mais controvertidas questões do conjunto das ciências humanas, gostaríamos de apresentar com veemência, em seqüência a Georges Devereux, que a *normalidade psicológica* tem pouco a ver com a *adaptação sociológica à norma*, isto é, aos comportamentos que são muitíssimo valorizados na cultura na qual vivemos, assim como, além disso, com a *inadaptação*. Tomemos, de início, dois exemplos.

A adesão ao pentecostismo brasileiro, que é um dos ramos particularmente ativos do protestantismo na América do Sul, consiste no respeito a certo número de proibições que são opostas à sociedade inteira (M. Aubrée, 1984) e visa à escrupulosa separação do sagrado e do profano numa cultura que tende a misturá-los.

Essas proibições são as seguintes: não dançar (ao passo que essa expressão gestual e musical das emoções ganha importância capital no Brasil); não ir à praia (ao passo que os prazeres balneários são um dos divertimentos favoritos dos brasileiros); não participar do Carnaval (que constitui a grande explosão festiva da sociedade); não jogar futebol, esporte nacional que, sem dúvida mais no Brasil do que em todos os outros lugares, mobiliza tanta paixão; não ver televisão, cuja audiência, em particular no que diz respeito às famosas "telenovelas", é considerável; não ter relações sexuais fora do casamento numa sociedade de grande mobilidade sexual.

Como vemos, o conjunto dessas proibições diz respeito ao corpo nu — numa cultura em que ele é literalmente exaltado. Estamos, pois, em presença de um fenômeno de *desvio social* máximo em relação ao comportamento em vigor na sociedade inteira, mas nada deixa prever quanto ao desequilíbrio (ou equilíbrio) *psicológico* dos indivíduos envolvidos que, aliás, manifestam uma personalidade étnica tão "cordial", no sentido de Sérgio Buarque (1936), quanto a personalidade dos outros brasileiros. Uma personalidade que privilegia as capacidades de reagir afetivamente, isto é, com o "coração" mais do que com a "cabeça", mais com os sentimentos do que com a razão.

Um segundo exemplo, já lembrado anteriormente, diz respeito à comunidade de Hutter, nos Estados Unidos, que recusa adaptar-se à dinâmica da sociedade americana inteira. Ora, se naquela comunidade um número não negligenciável de mulheres apresenta, como constatamos, estados depressivos, a patologia mental, para homens e mulheres sem distinção, permanece infinitamente menor do que nas populações vizinhas.

Seria cômodo, enfim, mostrar que estar *adaptado* a uma norma cultural eminentemente indutora de psicose ou de neurose não conseguiria torná-lo um ser com boa saúde mental.

Em ruptura com essa noção de normalidade psíquica por adaptação social, assim como a ideologia funcionalista (Malinowski, 1968) que repousa na ocultação sistemática que possa haver da disfunção social, busquemos agora critérios epistemológicos realmente fundamentados acerca do normal e do patológico. Proporemos quatro:

1) A capacidade dos seres humanos para a comunicação e, mais exatamente, para a comunicação simbólica.

2) A solidariedade da cultura com os interesses do Ego, capaz de maleabilidade e de sublimações criadoras, e não com as pulsões do Id ou os interesses do Superego.

3) A capacidade do indivíduo de gostar o suficiente de si mesmo, de preferir viver ao invés de morrer, de celebrar festivamente a vida, de sonhar e de dominar seus sonhos.

4) O reconhecimento da realidade, isto é, de um mundo exterior distinto de si.

A proposta desse último critério da normalidade cultural faz imediatamente surgir uma primeira dificuldade. As sociedades africanas tradicionais parecem, na verdade, renovar o que nós, europeus formados por quatro séculos de racionalismo cartesiano, chamamos de "realidade objetiva" através de um universo que consideramos como "sobrenatural", isto é, irreal (divindades, gênios e ancestrais, isto é, mortos que não estão verdadeiramente mortos). Devemos, então, considerar esse processo como um mecanismo de projeção, funcionando no sentido do que os psicanalistas chamam de a "denegação" do real? Além do fato de que o que os africanos entendem por "espírito" seja infinitamente complexo, parece-nos que camadas inteiras da cultura ocidental estão predispostas a uma decidida carência patológica de imaginação simbólica e que, por outro lado, a faculdade que o ser humano tem de viver uma parcela de sua vida alucinando a realidade nada tem, em si, de mórbido. E, quando o delírio se volta contra o indivíduo (o Ego tornando-se passivo, sendo impressionado, perseguido, agitado pelo "sobrenatural"), esse processo de fusão e de confusão tão característico da psicopatologia africana tem, se assim podemos dizer, apenas inconvenientes: é um meio de, rapidamente, se livrar da angústia, de evitar o sofrimento psicótico e, principalmente, de defender o indivíduo de uma perturbação infinitamente mais difícil de tratar — o da cronicização do delírio e da dissociação esquizofrênica.

Uma segunda dificuldade nasce da própria concepção que nós, ocidentais, temos do indivíduo como pessoa independente. Se considerarmos mais uma vez as culturas africanas, fica bem claro que a própria noção de autonomia individual, longe de ser um modelo cultural de identificação, é decididamente penalizada e rejeitada à periferia do sistema social e atribuída ao feiticeiro, personagem tido como anti-social que é, quando o é. E, quando P. Parin e F. Morgenthaler (1966) tentam definir, a partir de entrevistas clínicas feitas entre os Dogons, o que seja a personalidade do africano tradicional, recorrem a esta perífrase: a normalidade africana é o "Eu do grupo estruturado na oralidade". Assim, do nosso ponto de vista europeu, a fixação em estágios que habitualmente consideramos "arcaicos" do desenvolvimento da personalidade e o próprio delírio são erigidos em modelo de comportamento! Porém, o corolário que deve acompanhar essa apreciação é que, seguindo as normas africanas, uma grande proporção da população "normal" européia é que deve estar atingida por estupor catatônico!

Na verdade, os etnopsiquiatras, sejam eles europeus ou africanos, só podem chegar a um acordo neste modesto ponto: as culturas africanas (que são culturas da oralidade, da extroversão, da impregnação do grupo sobre o indivíduo) fornecem ao conjunto dos membros que as compõem elementos pré-psicóticos originais de estruturação da personalidade, ao passo que as culturas ocidentais, pela desafetivação e despersonalização que impõem nas relações humanas, predispõem à separação, ao retiro, ao isolamento, podendo evidentemente conduzir, por graduação, a estados esquizóides e, até mesmo, francamente esquizofrênicos. Mas essas tendências dominantes, em cada uma dessas duas áreas de civilização, são elas próprias *compensadas* por tendências opostas: a fusão do africano em seu grupo genealógico vem acompanhada por fortes identificações edipianas que agem no sentido inverso da descompensação psicótica, e à hiperindividualização ocidental, como fator de dessocialização, respondem, cada vez mais, atualmente, por exasperação crítica do modelo social ambiente, tendências manifestadamente comunitárias, comandadas por uma deliberada vontade de ressocializar as relações humanas.

6. NEUROSE CULTURAL, PSICOSE CULTURAL, PSICOPATIA CULTURAL

Com os conceitos de *neurose étnica* (ou neurose cultural) e de *psicose étnica* (ou psicose cultural), abordamos o problema do que já se chamou de "sociedades doentes" ou de " sociedades loucas", expressões além do mais equívocas, pois, se os modelos culturais podem encorajar manifestações de morbidez, na verdade só existem *indivíduos* que podem ser considerados doentes.

Assim, a freqüência de reações histéricas, há cerca de sessenta anos, nas sociedades européias, pode ser relacionada com as instituições familiares patriarcais particularmente rígidas e puritanas dessa época.

O conceito de psicose cultural nos possibilita dar conta da interiorização de um modelo social que valorize a negação da realidade e que impeça o encontro conflitual dos indivíduos com esta por meio de "coxins amortecedores", podendo consistir numa utilização alucinatória e com finalidades defensivas da droga, da ideologia política ou ainda da religião. Assim, a taxa extremamente alta de "acessos delirantes", encontrada nas sociedades da África negra, pode ser relacionada com um acervo cultural que privilegie manifestadamente a alucinação do real e não seu enfrentamento (recorrência aos gênios, interpretações obsessivas em termos de feitiçaria).

Isso significa, em nível do indivíduo, que, quando os mecanismos de defesa cultural (constituídos principalmente pela crença e eficácia dos feitiços e, na realidade, dos ancestrais e dos espíritos) fracassam, quando uma dada pessoa não consegue reagir contra uma série de traumatismos, de frustrações e de derrotas diferentemente de uma maneira patológica, ela o faz raramente conforme o modelo da interiorização e da culpabilidade neurótica de que tratamos anteriormente, mas preferencialmente conforme o modelo da projeção e da exteriorização psicótica brutal que lhe ensinaram e que, aliás, esperam dela.

Essas desordens étnicas, isto é, essas formas de condutas psicológicas desviantes, podem, no quadro da cultura na qual evoluímos, com a condição de não ultrapassar certo limiar de intensidade, ser consideradas como perfeitamente normais. Assim, a tristeza, o ensimesmar-se e a inapetência afetiva têm todas as possibilidades de passar totalmente despercebidas, atualmente, no Ocidente (o que não era o caso no século passado e que não é absolutamente o caso na África ou no Brasil). Da mesma forma como o alcoolismo que, em nossa cultura, pode até mesmo ser vivenciado como terapêutico. Se "as coisas estão indo mal, beba um trago", porém, inversamente, se "tudo vai bem, vamos comemorar", temos o costume de dizer. Isso constitui, destaquemos, uma tripla vantagem. Para a sociedade, que prevê a natureza desses comportamentos. Para o indivíduo, que não tem de elaborar sintomas privados. Para todos os que, enfim, se encontram em presença dessas condutas: elas são tão conhecidas que a sociedade também dita modelos de reação.

Voltemos, agora, à psicose étnica propriamente dita[11] e distingamos dois grandes casos de representação. O primeiro pode ser ilustrado com o exemplo da lógica dos feiticeiros: fornecendo ao grupo, simultaneamente, uma vítima emissária, um agressor e um desenfeitiçador, esse processo, psiquiatricamente, se constrói com a ajuda de uma parcela de alucinação do real, mas permite, no fundo — se o considerarmos em seu aspecto etnológico —, que o conjunto do sistema social em questão funcione. Quando se está às voltas com a feitiçaria, com efeito, convém sempre precisar o ponto de vista no qual nos colocamos. Certamente, tal como nossas próprias pesquisas nos mostraram[12], para os que se julgam suas vítimas é uma catástrofe. Do ponto de vista da lucidez, é uma ilusão para os membros do grupo que a ela aderem. Mas, incontestavelmente, é uma vitória do ponto de vista do modelo social envolvido que consegue, por esse mecanismo de regulação, manter, ao menos por um tempo, um equilíbrio.

Enfim, ao lado de casos dessa natureza, onde a lógica patológica do processo é, por assim dizer, compensada por outros aspectos do sistema, gostaríamos de destacar casos extremos da negação psicótica sistemática de uma cultura por ela mesma.

O primeiro exemplo nos é fornecido por uma série de práticas observadas na Nova Guiné e que são conhecidas com o nome de *cultos de cargueiro*. A população constrói simulacros de aeroportos nas montanhas para atrair aviões, ergue edifícios com aspecto de bancos para atrair dinheiro, acumula durante meses as colheitas nos celeiros. A seguir, suplica à divindade para que envie, da Grã-Bretanha ou dos Países Baixos em especial, os "cargueiros" carregados com todos os preciosos bens do mundo moderno com os quais sonham. Então, rezando para os ancestrais e para Jesus Cristo (associado ao poder dos europeus sobre o "cargueiro"), ficam à espera do período que, definitivamente,

---

(11) Sobre a estruturação freqüentemente cultural dos próprios processos psicóticos, isto é, dos processos baseados num divórcio entre o indivíduo e o mundo exterior (= a cultura), cf. Tobie Nathan, 1986.
(12) F. Laplantine, 1978, 1982.

porá fim à penúria. O "culto" atinge seu paroxismo quando, para apressar o acontecimento, destroem-se os recursos de que dispunham. O caráter disfuncional de autodestruidor do fenômeno não parece apresentar, nesse caso, nenhuma dúvida: diz respeito a uma patologia cultural manifestadamente psicótica. Os "cultos de cargueiro", com os quais a sociedade recusa o mínimo alimento necessário à sua sobrevivência, constituem um dos mais espantosos casos de negação psicótica de uma cultura por ela mesma.

Um segundo exemplo nos possibilita ir ainda mais longe. Ele nos é dado pela recente atualidade: é o caso da seita do Templo do Povo, implantada por Jim Jones na Guiana. No mês de novembro de 1978, respondendo ao apelo de seu líder, os adeptos dessa "comunidade agrícola", ou seja, 923 pessoas, homens, mulheres e crianças, procedem a um radical suicídio coletivo, ingerindo uma mistura de cianeto, laranjada e tranqüilizantes.

O conceito de *psicopatia cultural* (cf. Laplantine, 1980) possibilita dar contas, finalmente, das formas de condutas de *associabilidade mórbida* (extrema passividade ou, ao contrário, agitação ativista, negativismo social, agressividade, podendo chegar até ao crime etc.) que não são comportamentos de inadaptação reacionais à pressão social, mas que, ao contrário, estão em conformidade com o que é aprovado, incentivado e valorizado por ela. Um tal modelo de cultura que providencia, ela mesma, a própria disfunção psicopática de sua existência, despontará, à primeira vista, como uma impossibilidade para todos os que se referem ao esquema implícito do funcionalismo etnológico ou psiquiátrico que proclama contra ventos e marés que o próprio de uma sociedade, qualquer que seja ela, é satisfazer às necessidades econômicas e os interesses psicológicos dos indivíduos que a compõem. Ora, a descoberta dos Iks, população de antigos caçadores nômades de Uganda, brutalmente sedentarizados, tal como foi descrito por Collin Turnbull (1973), nos convence exatamente do contrário.

Uma das principais opções da cultura ikiana, na sua atual situação, consiste, com efeito, em erigir a desconfiança e a hostilidade (entre homens e mulheres, jovens e velhos, pais e filhos) em normas de comportamento. Eis alguns exemplos. Os velhos conseguem, penosamente, obter alimento, pois os adultos e as crianças confiscam-no deles em meio a hilaridade geral.

Outro traço do humor ikiano, que também suscita hilaridade dos pais e dos mais velhos, consiste em expor as crianças aos perigos, por exemplo, deixá-las queimarem-se caindo sobre brasas incandescentes. O homem que vai roubar algum alimento, longe de procurar dividi-lo, ficará com todo ele para si, sabendo que "sua mulher e sua família farão o mesmo".

A marginalidade, que existe evidentemente entre os Iks assim como em todas as sociedades, mas que no caso deles ganha a forma de comportamento de amizade, de tolerância e de divisão, é a tal ponto penalizada pelo controle social que "eles se consomem terrivelmente", como diz Turnbull, "para que não sejam surpreendidos". Assim, as instituições e a própria organização do espaço ikiano, construídas para privilegiar sistematicamente a fuga do outro em detrimento da sua descoberta e os benefícios egoístas dos indivíduos em detrimento do interesse geral do grupo, possibilita aproximarmo-nos de um caso de representação de comportamentos culturais a-sociais e anti-sociais que não mais se inscrevem, como em outras sociedades, no espaço de uma irregularidade e de um desvio, mas, ao contrário, estão em perfeita conformidade com o que é exigido pela norma dominante da própria sociedade.

7. DESORDENS CULTURAIS E CONFLITOS INTRAPSÍQUICOS.
DESORDENS PRIVADAS E FORMAÇÕES CULTURAIS

Insistimos bastante, na terceira parte deste livro, sobre o que Devereux chamou de "desordens étnicas" que são vários processos de estruturação *cultural* do sintoma. O que gostaríamos, agora, de evidenciar, despontará, sem dúvida, como um paradoxo para quem não esteja familiarizado com o procedimento da etnopsiquiatria. Pode ser formulado da seguinte maneira: o clínico que se encontrar em presença de uma desordem étnica tem de descobrir, por detrás da organização cultural dos materiais que lhe são fornecidos por seu cliente, os processos psicológicos e, mais exatamente, o conflito intrapsíquico que uma sintomatologia tipicamente social está dissimulando. E, inversamente, se se encontrar em presença de uma desordem "privada" (que Devereux também qualifica de "idiossincrásica"), isto é, em cujo processo e economia nada se deve à cultura do paciente, deverá pesquisar a formação cultural que, necessariamente, no campo etnológico, lhe corresponda e seja suscetível de esclarecê-la.

1. As desordens étnicas são sintomas, por assim dizer, "prontos", isto é, que nos são diretamente propostos, em caso de crise individual, pela sociedade de onde somos originários. São alimentadas e moldadas pelo peso da cultura da qual fazemos parte. São expressões — estaríamos tentados a dizer soluções — culturais para sofrimentos e conflitos intrapsíquicos. Assim, a intensidade que a paixão amorosa pode assumir no Ocidente (indo até a perda do controle de si e ao crime de honra quando o amante se considera injuriado) ou ainda a recusa da autoridade entre os adolescentes dessas mesmas sociedades, não deixarão de despontar como desconcertantes para um terapeuta não ocidental. E, da mesma forma, achamos absolutamente surpreendente a capacidade que os africanos ou os afro-brasileiros têm para entrar em transe. Mas essas, aliás, são formas culturais eminentemente expressivas de processos psicológicos.

Ora, uma das tendências dos próprios clínicos em confronto com essas desordens culturais — que podem, aliás, passar, repetimos, totalmente despercebidas no quadro da cultura à qual pertencemos — é, freqüentemente, procurar tratar o social pelo social, ao passo que, numa perspectiva etnopsiquiátrica, se trata de compreender o que o sintoma está dissimulando: a que conflito psicológico remete o modelo cultural que foi tomado de empréstimo.

2. Podem ser qualificadas de "desordens privadas" (ou "idiossincrásicas") as que não estão, como as precedentes, organizadas e estruturadas por normas cultuais, isto é, aquelas cujos sintomas remetem essencialmente à história do indivíduo no que ele tem de único. Ora, paradoxalmente, é talvez nesse domínio da patologia que a etnopsiquiatria tem mais a oferecer e, certamente, é em sua exploração que encontra um de seus mais incontornáveis fundamentos.

A clínica etnopsiquiátrica nos ensina — continuamos a insistir nesse aspecto uma última vez — que não há nenhum *fantasma*, nenhum *sonho*, nenhum *desejo* de um dado indivíduo a que não corresponda um fenômeno social (mito, conto, costume, tradição, rito). E, reciprocamente, não há nenhum fenômeno cultual a que não corresponda um fantasma, um sonho, um desejo. Em outros termos, o sintoma *privado*, expressão de um conflito intrapsíquico, reatualiza *cultura*, principalmente uma forma de cultura da qual o paciente (e, com ele, em geral, o terapeuta) não tenha nenhum conhecimento.

Considerar, à semelhança do relativismo cultural, que a cada cultura corresponda uma formação psicológica particular e formas de psicopatologia específicas e, a seguir, procurar tratar a desordem psíquica pelos conteúdos culturais de que dispomos (visando tanto readaptar o sujeito à sua própria cultura de origem quanto adaptá-lo à cultura do terapeuta no caso de uma situação intercultural) consistiriam, nem mais nem menos, numa *manipulação social* do psiquismo que deixaria incólume o conflito que provocou o sintoma.

Inversamente, um sonho de um paciente parisiense pode ser relacionado com um mito da sociedade baulê e um fantasma de um paciente nova-iorquino, com um rito magrebino. E a formação cultural, aparentemente mais longínqua e mais heterogênea em relação à sociedade do consulente e ao conflito com o qual está sofrendo em sua mais íntima subjetividade, vai servir, se o terapeuta souber tirar partido dela, de instrumento de diagnóstico e de tratamento para a manifestação psicopatológica.

CONCLUSÃO

1. Um dos primeiros méritos da etnopsiquiatria, uma exploração dos confins, um trabalho sobre os extremos que consiste, tal como escreve Tobie Nathan (1986, p. 25), em "conferir ao limítrofe o estatuto de objeto de estudo", é ter introduzido uma ruptura em relação aos pressupostos quase teológicos das posições tanto da psicologia quanto da sociologia clássicas. Por um lado, uma concepção monádica e deliberadamente antissociológica do indivíduo; por outro, uma concepção reificadora e deliberadamente antipsicológica do social, duplo dogmatismo que só pode levar a se tomar partido numa espécie de jogo perfeitamente estéril, seja a favor do "indivíduo", em detrimento da "sociedade", seja a favor da preeminência da "sociedade", em detrimento do "indivíduo". Ao contrário, do procedimento que tentamos depreender, neste pequeno livro, desponta que o psicológico é social, ou mais exatamente, cultura introjetada, e que a cultura nada mais é do que psiquismo introjetado.

2. Enquanto as ciências humanas clássicas tendem apenas em apreender o psicológico ou o social acabado, consumado, definitivo, a etnopsiquiatria se propõe estudar o psicológico (o intrapsíquico e a interação psíquica) e o cultural (mas também o intercultural) em curso, e em perpétua mutação.

3. Enfim, a abordagem etnopsiquiátrica é deliberadamente perspectivista e, em conseqüência, decididamente antitotalitária. Contrariamente às concepções totais e exclusivas do social (as reduções do psicologismo, do sociologismo) que se arrogam o monopólio da interpretação e que confundem, nessa via, a representação do real e o próprio real, a etnopsiquiatria sabe que é apenas um ponto de vista possível sobre o mundo, forjado na junção de duas práticas sociais, necessariamente provisórias e aperfeiçoáveis.

Quanto às implicações práticas da etnopsiquiatria, elas decorrem de tudo o que acaba de ser examinado nas páginas precedentes.

1. De início é, com toda evidência, o responsabilizar-se terapeuticamente por indivíduos originários de outra cultura que não a minha e que preocupa, em mais alto grau, o psiquiatra. Face a um comportamento estranho em relação aos que são admitidos ou simplesmente repertoriados em minha sociedade, a etnopsiquiatria não mais pode "confundir a alteridade cultural e a singularidade psiquiátrica" (T. Nathan, 1986).

2. Em seguida, trata-se — este segundo ponto está freqüentemente ligado ao precedente — da patologia da imigração e da aculturação, situação particularmente grave no mundo contemporâneo e que pode tanto ser observada através dos movimentos de migração externa (o felá do Médio-Atlas imigrado para Lille, o intelectual chileno exilado em Paris) quanto no interior de uma mesma sociedade (o êxodo do senufo para Abidjan, do nordestino para São Paulo, do camponês da Ardèche para Lyon). A etnopsiquiatria, por suas preocupações e sobretudo por seu procedimento, é particularmente capaz de colocar como hipóteses, de maneira pertinente, tudo o que, tanto para o indivíduo quanto para o grupo, possa estar funcionando em torno da ruptura.

3. As aplicações da etnopsiquiatria longe estão de referir-se a exclusivas situações terapêuticas interculturais. Sua utilização se revela particularmente fecunda no caso de indivíduos nascidos na França, bem arraigados em sua própria cultura e que estejam apresentando perturbações idiossincrásicas. Desse ponto de vista, ela oferece uma dimensão suplementar em relação ao tratamento estritamente psicanalítico, impede uma deriva desta para certa tendência imperialista ou para a sofisticação dos modelos que possam ser utilizados.

4. Enfim, assim como o campo das pesquisas e de práticas da etnopsiquiatria longe está de ser esgotado pelas perturbações mentais dos indivíduos provenientes de outras sociedades que não aquela à qual nós mesmos pertencemos, ele não se reduz, de forma alguma, à exploração do patológico. Repetimo-lo, em seqüência a Devereux: o conceito de sublimação é o cerne do procedimento e das preocupações da etnopsiquiatria. E, desse ponto de vista, suas aplicações são praticamente ilimitadas: o estudo da obra de arte, da criação literária (Devereux, 1975), do imaginário poético, político, religioso (Laplantine, 1974), da ideologia (Nathan, 1977, 1986), da história (Besançon, 1971) e também, evidentemente, do que diz respeito a nossos comportamentos cotidianos através das relações interculturais, sem falar do turismo, do comércio, das estratégias geopolíticas, da diplomacia.

Em resumo, para todos os que estão atentos à aventura das ciências humanas neste final do século XX, a etnopsiquiatria não é um instrumento de luxo do qual se poderia prescindir.

BIBLIOGRAFIA

Adler, A. e Zempleni, A., *Le bâton de l'aveugle*, Paris, Hermann, 1972.
Adotevi, S., *Négritude et négrologues*, Paris, 1972.
Aubin, H., *L'homme et sa magie*, Neuchâtel, Desclée de Brouwer, 1952.
Aubrée, M., "Voyages entre corps et esprits", tese de doutorado, Paris 7, 1984.
Augé et alii, *Prophétisme et thérapeutique*, Paris, Hermann, 1975.
Azevedo, F., *Cultura brasileira*, Rio de Janeiro, 1943.

Baldwin, J., *Le racisme en question*, Paris, Calmann-Lévy, 1972.
Barreto, A. P., "La médecine populaire dans le sertão du Ceará aujourd'hui", tese de doutorado, Lyon 2, 1985.
Bastide, R., *Le Candomblé de Bahia*, Paris, Mouton, 1958.
— *Sociologie des maladies mentales*, Paris, Flammarion, 1965.
— *Le rêve, la transe et la folie*, Paris, Flammarion, 1972.
Benedict, R., *The chrysanthemum and the sword*, Boston, Houghton Mifflin, 1946.
— *Echantillons de civilisations*, Paris, Gallimard, 1950.

Ben Jelloun, T., *La plus haute des solitudes*, Paris, Le Seuil, 1977.
Besançon, A., *Histoire et expérience du moi*, Paris, Flammarion, 1971.
Boughali, M., "Sociologie des maladies mentales au Maroc", thèse d'Etat, Faculté d'Amiens, 1979.
Bourdieu, P., *Le sens pratique*, Paris, Ed. de Minuit, 1980.
Buarque de Holanda, S., *Raízes do Brasil*, Rio de Janeiro, 1936.

Carothers, J., *The African Mind in Health and Disease: A study in Ethnopsychiatry*, Genebra, OMS, 1953.
Cavalcante, A. M., "Systèmes de croyances et pratiques médicales dans un quartier populaire à Fortaleza (Brésil)", tese de doutorado, Lyon 2, 1985.
Chaouite, A., "Transculturation et expérience du moi", tese de doutorado, Lyon 2, 1985.
Collomb, H., "Bouffées délirantes en psychiatrie africaine", *Psychopathologie africaine*, 1965, I, 2.
— "Rencontre de deux systèmes de soins. A propos de thérapeutique des maladies mentales en Afrique", *Social Science and Medicine*, 1973, p. 7.
Confrontations psychiatriques, nº 21 sur "Psychiatrie et Culture", 1982.

Da Matta, R., *Carnavals, bandits et héros*, Paris, Le Seuil, 1983.
Dadoun, R., Geza Róheim, Paris, Payot, 1972.
Devereux, G., Psychoanalysis and the Occult, Nova York, International University Press, 1953.
— Essais d'ethnopsychiatrie générale, Paris, Gallimard, 1970.
— Ethnopsychanalyse complémentariste, Paris, Flammarion, 1972.
— Tragédie et poésie grecques, Paris, Flammarion, 1975.
— "L'ethnopsychiatrie. Présentation de la revue Ethnopsychiatrica", Ethnopsychiatrica, 1978, I, 1, pp. 7-13.
— De l'angoisse à la méthode dans les sciences du comportement, Paris, Flammarion, 1980.
— Psychothérapie d'un Indien des plaines, Paris, J.-C. Godefroy, 1982.
— Femme et mythe, Paris, Flammarion, 1982.
— Baubo. Historie mythique de la vulve, Paris, J.-C. Godefroy, 1983.

Eaton, J. W. e Weil, R. J., Culture and Mental Discorder, Free Press, Ed. Glencoe, 1953.
Erikson, E. H., Enfance et société, Neuchâtel, Delachaux & Niestlé, 1966.

Ethnopsychiatrie, in *Encyclopédie médico-chirurgicale*, 1978, vol. 4.
Evans-Pritchard, E. E., *Sorcellerie et magie chez les Azandé*, Paris, Gallimard, 1972.

Fanon, F., *Les dammés de la terre*, Paris, Maspero, 1968.
Faris, E., "Culture and Personality among the Forest Bantu", in *The Nature of Human Nature*, Nova York, McGrawed, 1937.
Foucault, M., *Histoire de la folie à l'âge classique*, Paris, Plon, 1961.
Fourasté, R. F., *Les maladies mentales et leur traitement*, Toulouse, Pivat, 1980.
— *Introduction à l'ethnopsychiatrie*, Toulouse, Privat, 1985.
Fortune, R. F., *Sorciers de Dobu*, Paris, Maspero, 1972.
Freud, S., *Essais de psychanalyse appliquée*, Paris, Gallimard, 1933.
— *Nouvelles conférences de psychanalyse*, Paris, Gallimard, 1936.
— *Ma vie et la psychanalyse*, Paris, Gallimard, 1950.
— *Métapsychologie*, Paris, Gallimard, 1959.
— *Moïse et le monothéisme*, Paris, Gallimard, 1967.
— *Totem et Tabou*, Paris, Payot, 1970.
— *L'avenir d'une illusion*, Paris, PUF, 1971.
— *Malaise dans la civilisation*, Paris, PUF, 1971.
— *Névrose, psychose et perversion*, Paris, PUF, 1973.
Freyre, G., *Maîtres et Esclaves*, Paris, Gallimard, 1974.

Hamayon, R., "Soigner le mort pour guérir le vif", *Nouvelle Revue de psychanalyse*, 1978, 17, p. 55-62.
Herskovits, M. J., *Les bases de l'anthropologie culturelle*, Paris, Payot, 1967.
Heusch, L. de, *Pourquoi l'épouser?*, Paris, Gallimard, 1971.

L'Information psychiatrique, numéro consacré à "la psychiatrie transculturelle", nº 8, out. 1964.

Kaës, R., *L'idéologie. Etudes psychanalytiques*, Paris, Dunod, 1980.
Kardiner, A., *L'individu dans sa société*, Paris, Gallimard, 1970.

Lambo, T. A., "A Plan for the Treatment of the Mentally Ill in Nigeria", in Linn (L.), ed. Frontiers, in *General Hospital Psychiatry*, Nova York, International University Press, 1961.
Laplanche, J., e Pontalis, J.-B., *Vocabulaire de la psychanalyse*, Paris, PUF, 1967.
Laplantine, F., *L'ethnopsychiatrie*, Paris, Editions Universitaires, 1973.
— "Ethnopsychopathologie du fétichisme", in *Bulletin du Centre Thomas Mores*, junho 1973, pp. 18-36.

— "Qu'est-ce que l'ethnopsychiatrie?", in *Psychiatrie aujourd'hui*, set. 1973, nº 15, pp. 15-29.
— *Les trois voix de l'imaginaire: le messianisme, la possession et l'utopie*, Paris, Editions Universitaires, 1974.
— *La culture du Psy ou l'effondrement des mythes*, Toulouse, Privat, 1975.
— "De la possession africaine à quelques aspects de l'antipsychiatrie anglaise", in *Connexions*, 1975, nº 15, pp. 49-68.
— "Aspects transculturels de la psychiatrie", in *Bulletin du GERIP*, 1975, nº 34, pp. 3-9; nº 35, pp. 9-12; nº 36, pp. 3-7.
— "Quelques réflexions anthropologiques sur l'innovation comme processus de défense collective", in *Autrement*, 1976, nº 5, pp. 4-16.
— *Maladies mentales et thérapeutiques traditionnelles en Afrique noire*, Paris, Editions Universitaires, 1976.
— "Pathologie et thérapeutique collective em Italie méridionale", préface à l'ouvrage d'André Martin, *Les noires vallées du repentir*, Paris, Editions Entente, 1976, pp. 7-19.
— "Etude analytique d'un pansement de secret recueilli aujourd'hui dans la campagne bressane", in *Le Monde alpin et rhodanien*, 1976, nº 3-4, pp. 101-103.
— "Les systèmes de représentations populaires et savantes de la maladie et de la guérison", in *Actualités psychiatriques*, 1978, nº 2, pp. 41-52.
— *La médecine populaire des campagnes françaises aujourd'hui*, Paris, Editions Universitaires, 1978.
— "Etude de cas à Bouaké", in *Ethnopsychiatrica*, 1978, nos 1, 2, pp. 173-200.
— "De l'ethnologie comme idéologie à l'ethnologie comme science", in *Epistemologia*, Genova, Italie; II, 1979, pp. 211-225.
— "Sociabilité et associabilité. Jalons pour une étude transculturelle de la psychopathie", in *Confrontations psychiatriques*, 1980, nº 18, pp. 47-58.
— "La divination et les voyages aux saints guérisseurs dans le Bas-Berry", in *La religion populaire*, Paris, Edition du CNRS, 1980, pp. 211-220.
— "La hajba de la fiancée à Djerba (Tunisie)", in *Revue de l'Occident musulman de la Méditerranée*, CNRS, 1981/1, nº 31, pp. 105-118.
— "Ethnopsychiatrie et Ethnoscience", in *Confrontations psychiatriques*, 1982, nº 21, pp. 11-29.
— "La maladie, la guérison et le sacré", in *Archives de Sciences sociales des Religions*, CNRS, 1982, nº 54/1, pp. 63-76.

— "A propos de l'ethnopsychiatrie et de la culture maghrébine", in *Sindbad*, Rabat, 15-30, abril 1983, nº 14, pp. 3-7.
— "L'ethnomédecine: propositions thématiques et théoriques", in *Une anthropologie médicale en France*, Paris, Editions du CNRS, abril 1983.
— "Corps malades et salut par l'écriture", in *Lumière et Vie*, 1984, nº 116, pp. 29-43.
— "Jalons pour une anthropologie des systèmes de représentation de la maladie et de la guérison dans les sociétés occidentales contemporaines", in *Histoire, Economie et Société*, nº 4/1984, pp. 641-650.
— *Un voyant dans la ville, étude anthropologique du cabinet de consultation d'un voyant lyonnais*, Paris, Payot, 1985.
— *Anthropologie de la maladie*, Paris, Payot, 1986.
— *L'Anthropologie*, Paris, Seghers, 1987a.
— "Les représentations de la maladie en anthropologie. De quelques recherches menées en France réexaminées à la lumière du Brésil", in *Introduction à l'étude des représentations sociales* sob a direção de D. Jodelet e S. Moscovici, Paris, PUF, 1987b.
— *Medicinas paralelas* (em colaboração com P.-L. Rabeyron), São Paulo, Brasiliense, 1989.
— *Os sistemas de representações da doença e da saúde na Umbanda em Fortaleza (mimeo)*.
Lévi-Strauss, C., *Anthropologie structurale*, Paris, Plon, 1958.
— *La pensée sauvage*, Paris, Plon, 1962.
Linton, R., "Totemism and the AEF", *Anthropologist*, 1924, 25, pp. 295-300.
— *Les fondements cultuels de la personnalité*, Paris, Dunod, 1968.

Malinowski, B., *Trois essais sur la vie sociale des primitifs*, Paris, Payot, 1968.
— *Une théorie scientifique de la culture*, Paris, Maspero, 1968.
— *La sexualité et sa répression dans les sociétés primitives*, Paris, Payot, 1971.
Martino, E. de, *La terre du remords*, Gallimard, Paris, 1968.
Mauss, M., *Sociologie et anthropologie*, Paris, PUF, 1960.
Mead, M., *Mœurs et sexualité en Océanie*, Paris, Plon, 1963.
Michel-Jones, F., *Retour aux Dogons. Figure du double et ambivalence*, Paris, Le Sycomore, 1978.
Monfouga-Broustra, J., *Ambivalence et culte de possession*, Paris, Anthropos, 1972.
Morin, E., *Sociologie*, Paris, Fayard, 1984.

Murphy, H. B. M. e Raman, A. C., "The chronicity schizophrenia in indigenous tropical peoples", *British Journal of Psychiatry*, 1971, p. 118.

Nathan, T., *Sexualité idéologique et névrose. Essai de clinique ethnopsychanalytique*, Grenoble, La pensée sauvage, 1977.
— "Ethnopsychanalyse des psychoses, une introduction", *Ethnopsychiatrica*, 1978, pp. 1, 2, 213-242.
— *La psychanalyse et son double*, Grenoble, La pensée sauvage, 1979.
— *La folie des autres. Traité d'ethnopsychiatrie clinique*, Paris, Dunod, 1986.
Nina Rodrigues, R., *L'animisme fétichiste des nègres de Bahia*, 1900.

Olievenstein, C., *Il n'y a pas de drogués heurex*, Paris, Laffont, 1977.
Ortigues, E. e M. C., *Oedipe africain*, Paris, Plon, 1966.

Parin, P. e Morgenthaler, F., *Les Blancs pensent trop, 13 entretiens psychanalytiques aves les Dogons*, Paris, Payot, 1966.
Pélicier, Y., "Introduction aux psychothérapies transculturelles", in *Cultures et psychothérapies*, Paris, ESF, 1981, pp. 15-20.
Pfeiffer, W. M., *Transkulturelle Psychiatrie*, Stuttgard, Thieme, 1971.

Retel-Laurentin, A., *Sorcellerie et Ordalies*, Paris, Anthropos, 1974.
Róheim, G., *Psychanalyse et Anthropologie*, Paris, Gallimard, 1967.
— *Origine et fonction de la culture*, Paris, Gallimard, 1972.
— *Les portes du rêve*, Paris, Payot, 1973.
— *La panique des dieux*, Paris, Payot, 1974.
Rosen, G., *Madness in Society*, Nova York, Harper & Row, 1968.
Rosny, E. de, *Les yeux de ma chèvre*, Paris, Plon, 1981.
Rouch, J., *La religion et la magie songhay*, Paris, PUF, 1960.

Seligman, G., "Temperament, Conflict and Psychosis in a Stone Age Population, *British Journal of Medical Psychology*, 1929, 9, pp. 187-202.
Storper-Perez, D., *La folie colonisée*, Paris, Maspero, 1974.
Sow, F., *Psychiatrie dynamique africaine*, Paris, Payot, 1977.
— *Les structures anthropologiques de la folie en Afrique noire*, Paris, Payot, 1978.

Thomas, L. V., "Société africaine et santé mentale", *Psychopathologie africaine*, 1969, vol. V, nº 3.
Turnbull, C., *Un peuple de fauves*, Paris, Stock, 1973.

Valabrega, J.-P., "L'anthropologie psychanalytique", *La Psychanalyse*, 1957, 3, pp. 221-245.
— *La relation thérapeutique*, Paris, Flammarion, 1962.
Vianna, O., *Raça e assimilação*, São Paulo, 1932.

Whiting, J. W. M. & Child, I. L., *Child Training and personality: A Cross-cultural Study*, New Haven, Yale University Press, 1953.
Wittgenstein, L., *Tractatus logico-philosophicus*, Paris, Gallimard, 1961.
Wittkower, E. D. & Warnes, H., "Cultural Aspects of Psychoterapy", *American Journal of Psychoterapy*, 1974, 28, pp. 566-573.

Zempléni, A. et alii, "Causes, origines et agents de la maladie chez les peuples sans écriture", *L'Ethnographie*, 1985, nº 96.

Sobre o autor

François Laplantine é professor de Etnologia na Universidade de Lyon II. É autor de *As três vozes do imaginário: o messianismo, a possessão e a utopia* (Éditions Universitaires, 1974), *A cultura do psi ou o desmoronamento dos mitos* (Privat, 1975), *A filosofia e a violência* (Presses Universitaires de France, 1976), *Doenças mentais e terapêuticas tradicionais na África negra* (Éditions Universitaires, 1976), *A medicina popular na França rural hoje* (Éditions Universitaires, 1978), *Um vidente na cidade: estudo antropológico do gabinete de consultas de um vidente contemporâneo* (Éditions Payot, 1985) e *Antropologia da doença* (Éditions Payot, 1986).

Na Brasiliense, publicou: *Aprender antropologia* (1988) e *Medicinas paralelas* (1989, em colaboração com Paul-Louis Rabeyron).

Impressão e Acabamento:
Scortecci Gráfica
Telefax: (11) 3815-1177
grafica@scortecci.com.br